余熙约会世界系列丛书·之七

约会巴拿马

Have A Date With Panama

余 熙　撰文/摄影

世界知识出版社

Prefacio
序

余熙，公共外交的先行者

赵启正
（中国国务院新闻办公室前主任，第十一届全国政协常委、外事委员会主任）

余熙是我熟悉的积极践行公共外交的活动家。他持续二十多年，多以自费和民间等方式，勤奋执着地前往六十多个国家开展公共外交，坚持不懈地向世界讲述中国故事、激情饱满地对国际社会娓娓说明着中国。这些年来，余熙不断选择和完成了许多重要的、有成效的公共外交项目，为提升中国在世界的影响力作出重要贡献，他本人也成为中国公共外交的一位先行者。

2016年11月，我在浙江温州出席中国公共外交协会年会期间，与会的余熙告诉我，他于当年5月独自前往尚未建交国家巴拿马，在那片神奇陌生的土地上开展公共外交和采访交流活动达半月之久。回国后，他即开始撰写长篇纪实文学《约会巴拿马》。2017年6月，他的这部书稿刚刚杀青，适逢中国巴拿马宣布正式建交。《约会巴拿马》的问世，可谓正当其时在中国出版的巴拿马主题的新书，为新掀开的两国外交关系抹上了一道瑰丽的色彩，也为愿意近一步认识巴拿马的读者，提供了一份新颖有趣的“导览图”。

巴拿马是对全球经贸有重要影响力的拉美国家。著名的巴拿马运河连通太平洋和大西洋，担负着世界海运物流最重要的通道，其对世界经济的贡献不言而喻。中国与巴拿马的民间交往已逾160年。作为世界第二大经济体的中国，业已成为巴拿马运河的全球第二大用户，也是巴拿马科隆自贸区的最大供货国和贸易伙伴。中巴两国的建交，顺应民心，符合时代潮流。

在中巴两国尚未建交之时，余熙就卓有远见地深入巴拿马开展民间文化交流。他一边辛勤收集珍贵素材，另一边主动向巴拿马主流媒体讲述中国故事，传播中国声音。

为了撰写本书，余熙发挥中国记者、作家和摄影家的责任担当与职业敏感，在巴拿马期间踊跃采访包括政府官员、旅巴华侨华人、媒体记者、大学师生在内的数十位人士，并深入首都巴拿马城和边境省份奇里基省、牛口省的山林和海岛，还两度辗转于深山密林探险，直接与印第安土著部落的男女老少面对面，从而获得大量的第一手素材。回国写作期间，他又对巴拿马的历史和社会现实进行细致探研，以感性的文笔和六百余幅图片，将巴拿马的历史文化、人文风情和自然风光逐一演绎铺陈，独家披露了大量史实、故事和亲历感受。特别是他对华侨华人旅巴百年历史的描述催人泪下。余熙这本新书的纪实性描写，情节生动细腻，叙事饶有情趣，描写富于画面感，通篇洋溢着鲜明的个性风格。

《约会巴拿马》是中巴两国人文交流的生动见证和可喜收获。我衷心祝贺它的出版，更期待作者余熙同志在公共外交的新征途中，继续取得更大的成就。

2017年7月8日于北京

Prefacio

Yu Xi, Pionero de la Diplomacia Pública

Sr. Yu Xi es un activista muy conocido por mi que se dedica con entusiasmo a la diplomacia pública. Durante más de 20 años consecutivos, Yu Xi viajaba con aplicación y persistencia a más de 60 países, generalmente por su propia cuenta y en forma no gubernamental, para llevar a cabo la diplomacia pública, relatar constante e incansablemente al mundo los cuentos chinos, explicando con pasión sobre China a la comunidad internacional. A lo largo de estos años, Yu Xi ha seleccionado y completado continuamente muchos importantes y eficaces proyectos de la diplomacia pública, ha hecho importantes contribuciones a la elevación de la influencia de China en el mundo, y él mismo se ha convertido también en un pionero de la diplomacia pública de China.

En noviembre de 2016, en la conferencia anual de la Asociación de la Diplomacia Pública China celebrada en Wenzhou, provincia de Zhejiang, Yu Xi me dijo que en mayo de ese año, él fue solo a Panamá, el país que no tenía relaciones diplomáticas con China en aquel momento. En esa tierra misteriosa, él realizó diplomacia pública y actividades de entrevistas e intercambios durante medio mes. Después de regresar a China, él comenzó a escribir su larga literatura documental "Cita con Panamá". Justamente al terminar su obra, se estableció oficialmente las relaciones diplomáticas entre China y Panamá en junio del año 2017. La salida a la luz del nuevo libro con tema de Panamá "Cita con Panamá" era en su momento oportuno, y pintó un hermoso color a las relaciones diplomáticas recién establecidas entre los dos países, ofreciendo al mismo tiempo un magnífico "Mapa de Guía" para los lectores con más interés de acercarse y conocer a Panamá.

Panamá es un país latinoamericano que tiene una influencia significativa en la economía y el comercio globales. El famoso Canal de Panamá pone la conexión del Pacífico con el Atlántico, y desempeña el papel del corredor más importante del transporte marítimo del mundo, cuya contribución a la economía mundial es evidente. Los intercambios de pueblo a pueblo entre China y Panamá ya tienen una historia de más de 160 años. Como la segunda potencia económica del mundo, China es ahora el segundo cliente importante de Canal de Panamá y el mayor proveedor y socio comercial de la zona de libre comercio de Colón de Panamá. El establecimiento de relaciones diplomáticas entre China y Panamá corresponde a la voluntad de dos pueblos y la corriente de los tiempos.

Antes del establecimiento de las relaciones diplomáticas entre China y Panamá, Yu Xi, con previsión y clarividencia, entró en Panamá para llevar a cabo los intercambios culturales y humanos. Por un lado, él recopilaba con ahínco los materiales valiosos, y por otro lado, relataba activamente los cuentos sobre China a los principales medios de comunicación de Panamá difundiendo la voz de China.

Para escribir este libro, durante su estadía en Panamá, Yu Xi se entrevistó con decenas de panameños como funcionarios gubernamentales, residentes chinos en Panamá, periodistas de los medios y profesores y estudiantes universitarios, poniendo en juego su responsabilidad y sensibilidad profesionales como periodista, autor y fotógrafo de China. Además él visitó a la Ciudad de Panamá y bosques e islas de las provincias fronterizas de Chiriquí y la Boca del Toro, entró dos veces en las montañas y se encontró frente a frente con los hombres y mujeres, viejos y niños de los indígenas de las tribus, con el fin de obtener una gran cantidad de materiales de primera mano. Al regresar a casa, durante el tiempo de escribir su obra, él dedicó mucho tiempo en los estudios e investigaciones profundos de la historia y la realidad social de Panamá. El presentó en su libro con narrativos cuidadosos, escritura de estilo emocional y más de 600 fotografías, trayéndonos la historia y cultura, las humanidades y paisajes naturales de Panamá, así como las revelaciones exclusivas de muchas realidades históricas, cuentos y experiencias personales. Especialmente su descripción de la historia de más de cien años de los viejos chinos residentes en Panamá es muy emocionante y nos hace llorar. Las descripciones documentales de este libro nuevo de Yu Xi son vivas y minuciosas, con narrativos interesantes, ricas de imágenes y llenas de características personales distintivas.

"Cita con Panamá" es un testimonio vivo y cosecha abundante de los intercambios culturales entre China y Panamá. Felicito sinceramente su publicación, y espero también que el autor Yu Xi logre mayores éxitos en el nuevo camino de la diplomacia pública.

Zhao Qizheng
Ex-director de la Oficina de Información del
Consejo de Estado de China, Miembro del
Comité Permanente y Director de la
Comisión de Asuntos Exteriores de XI Comité
Nacional de la Conferencia Consultiva Política del Pueblo Chino

Bejing, 8 de Julio de 2017

（西班牙文校译：中国前驻厄瓜多尔、古巴、阿根廷大使徐贻聪，中国前驻玻利维亚、巴哈马、哥伦比亚大使吴长胜。）

Prefacio
巴拿马共和国旅游部部长序言

一年多以后的今天，作家、记者和摄影家余熙先生的佳作《约会巴拿马》终于面世。作为中国第一部全面介绍巴拿马的著作，它以精彩的文字和六百多幅照片，将我们这个中美洲东南部地峡之国最具魅力的旅游美景做了精彩展现。

身为巴拿马国家旅游部负责人，我谨向余熙记者致以衷心祝贺和深深感谢！

余熙用精美的文字和图片，对我国自然和旅游景观中的峡谷、岛屿、沙滩、高山、野生动植物予以生动呈现；对我国的民族文化、现代和古代建筑，还有城市内外的历史文化遗迹，也做了细致考证。

我们希望，这部著作成为每年从中国和其他国家前来美洲进行文化交流、商业投资和旅游的，数量成千上万的客人所持有的永久性参考手册。

事实上，早在我们的共和国成立之前，巴拿马与中国就已经有了商业贸易的合作。1854年，第一批中国人来到巴拿马，他们为修建铁路和开拓巴拿马运河，无私地奉献了自己的力量。163年后的今天，旅巴华人已在自己的社区建起家园和企业，并提供着宝贵的知识，在经济上作着贡献。

2016年6月26日，是巴拿马商业航运史的里程碑——中国参与了巴拿马运河船闸拓宽工程的竣工典礼，“中远号”成为唯一驶过新船闸的礼遇船舶。

中国现为巴拿马运河的第二大用户，也是西半球和加勒比海地区规模最大的巴拿马科隆自由贸易区的第一大供货商。来自亚洲，特别是来自中国的游客数量，也正在逐年增加。

巴拿马共和国与中华人民共和国建立外交关系以后，两国在商业上的交流必将向前大步迈进。

我深信，巴拿马的旅游业正迎来光明的前景——因为中国是世界上最大、最繁荣的经济体之一。

我们正在期待！

古斯塔沃·伊姆

巴拿马共和国旅游部部长

2017年7月6日于巴拿马城

Prefacio

Mensaje de Ministro Him para libro "Cita con Panamá"

Hoy después de un año de compilación e investigación, el periodista y fotógrafo Yu Xi, recoge en la obra "Cita con Panamá", en unas 600 fotografías los principales atractivos turísticos de nuestro país, un pequeño istmo ubicado en el sureste de América Central.

Como regente de la actividad turística en mi país extiendo mis felicitaciones y agradecimiento al periodista Yu Xi, por este excelente trabajo que muestra en un compendio de imágenes muy bien captadas las zonas turísticas de nuestro país, su riqueza natural, valles, islas, playas, montañas, flora, fauna, su cultura étnica, sus modernas y antiguas estructuras y su conjunto monumental histórico, ubicadas en el centro de la ciudad y en las afueras del país.

Esperamos que esta obra sea un manual de referencia permanente para los miles de viajeros que cada año salen de China a conocer otras culturas o con la idea de concertar inversiones comerciales con países del Continente Americano.

De hecho con este país nos unen lazos comerciales desde antes de la consolidación de nuestra República. En 1854 llegaron a Panamá los primeros ciudadanos Chinos, que prestaron su fuerza laboral para la construcción del ferrocarril y luego en el Canal de Panamá. Hoy después de más de 163 años, la comunidad China, han establecido sus hogares y sus negocios, brindando sus valiosos conocimientos y aportes económicos.

El 26 de junio de 2016 se marcó un hito en la historia comercial y marítima de nuestro país y en la que tuvo una importante participación China, al llevarse el honor el buque neopanamax Cosco Shiping Panamá, de realizar el primer tránsito por las nuevas esclusas del Canal.

China es el segundo usuario más importante de esta vía acuática y el primer proveedor de la Zona Libre de Colón, la zona franca más grande del hemisferio, ubicada en el Caribe panameño.

La llegada de turistas del continente Asiático, específicamente de China se ha incrementado a través de los años.

El gobierno de mi país estableció relaciones diplomáticas con la República Popular China, con la que damos un paso importante para el intercambio comercial, con el que estoy convencido hay un futuro muy prometedor para la actividad turística, considerando que China es una de las economías más grandes y prósperas del mundo.

Gustavo Him

Ministro de Turismo de Panamá

Ciudad de Panamá, 6 de Julio de 2017

巴拿马国旗

巴拿马国徽

巴拿马国家档案

国　　名　巴拿马共和国（The Republic of Panama, la República de Panamá）。

面　　积　7.55万平方公里。

人　　口　393万。印欧混血种人占65%，其他依次为非裔12%、欧裔10%、华裔7%、印第安人6%。

语　　言　西班牙语为官方语言。

宗　　教　85%的居民信奉天主教。

货　　币　美元自由流通，巴波亚（Balboa）作为辅币，巴波亚与美元等值。

首　　都　巴拿马城（Panama City，Ciudad de Panamá），人口88万。

国家元首　总统胡安·卡洛斯·巴雷拉（Juan Carlos Varela），2014年7月1日就职，任期5年。

重要节日　独立日：11月3日。

行政区划　全国划为10个省和5个原著居民区，省下设县（市），县（市）下设区。

经　　济　运河航运、金融服务、科隆自贸区和旅游业是巴拿马经济的主要支柱。近年来，巴拿马经济保持较快增长。

（资料来源：中国外交部网站；更新时间：2017年8月）

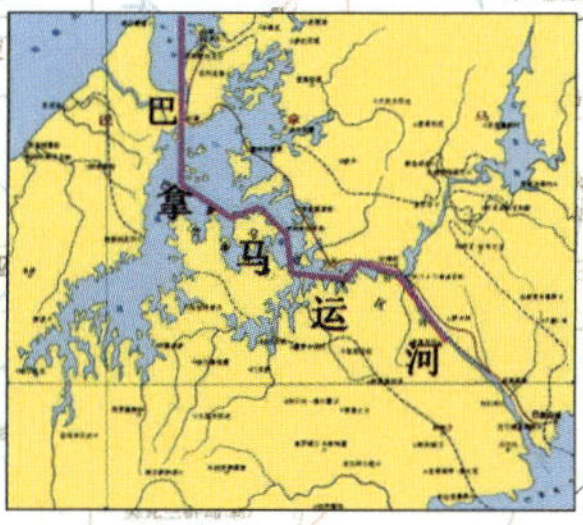

目 录 Índice

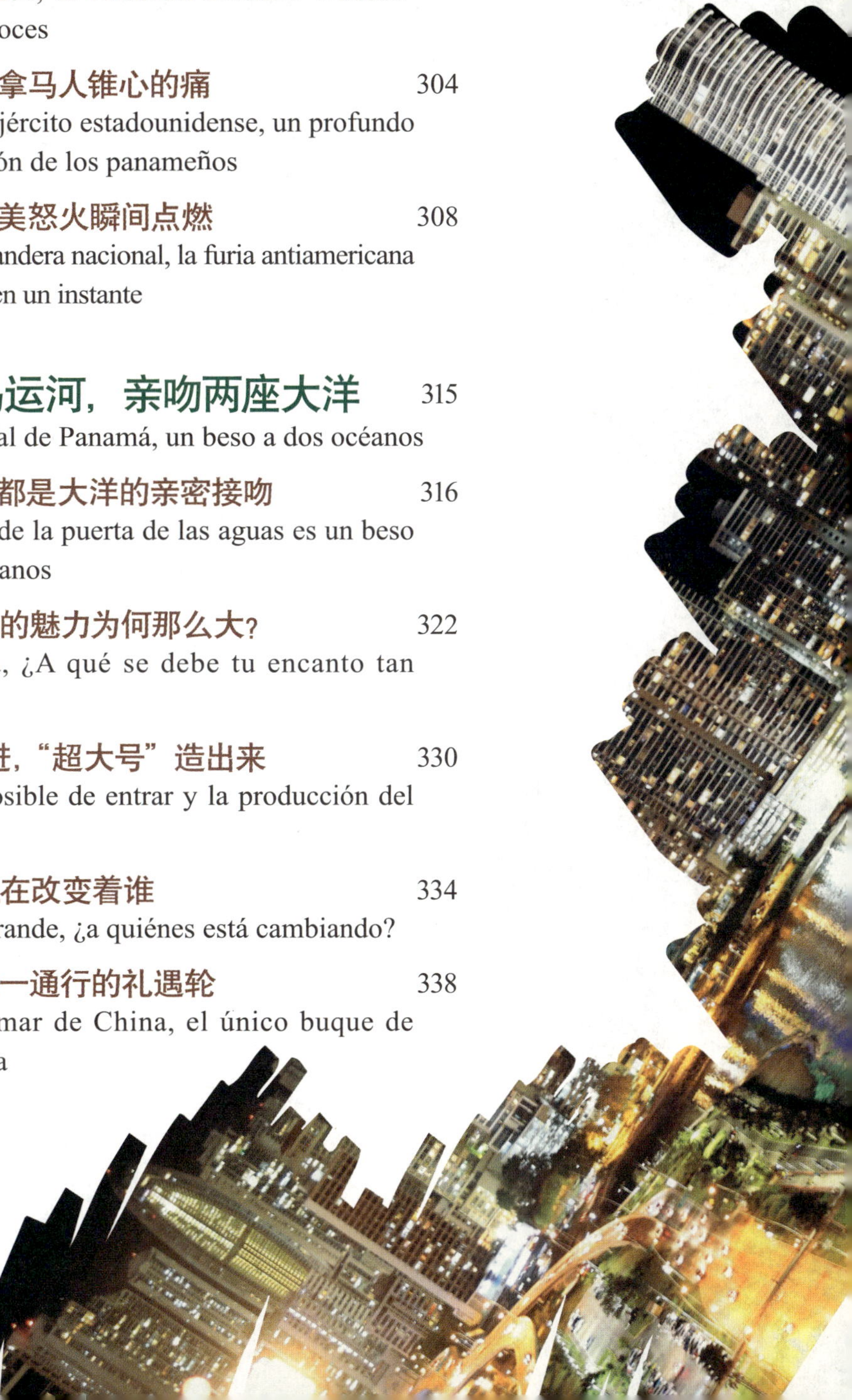

引 言

一、本书如有神眷，问世适逢建交

↑北京时间2017年6月13日，巴拿马共和国总统巴雷拉发表电视讲话，宣布巴拿马与中国建交。（电视截屏）

本书问世，如有神眷！

当它还是书稿时，它尚为第一部由中国作家写未建交国家巴拿马的书稿；而在它成书时，即有幸成为中国第一部描写建交国家巴拿马的新书了。

为了“约会巴拿马”，我花了整整一年的时间进行采访和写作。

采访时，由于两国尚未建交，我心存诸多陌生、犹疑、忐忑与不安；写作时，也因是未建交国而使我在行文中，为把握尺度而倍加审慎与小心。

为此书所花费的气力和时间，要比以前写任何书付出的都多。

好不容易书稿杀青。就在我松了口气，即将把它送交出版社时，一个霹雳晴空炸响——中国和巴拿马正式建

→北京时间2017年6月13日，中国外交部长王毅（右）与巴拿马副总统兼外交部长德圣马洛女士在北京签署两国建交文件。（据新华社）

交了！

公元2017年6月13日。

历史，一定会铭记这一天。

这一天，北京时间的上午9时，也就是巴拿马时间6月12日的晚8时。巴拿马总统胡安·卡洛斯·巴雷拉发表电视讲话，宣布巴拿马共和国与中华人民共和国建立外交关系。与此同时，中国外交部长王毅在北京会见巴拿马副总统兼外交部长伊莎贝尔·德圣马洛，双方共同签署了建交文件。

↑ 巴拿马运河。

中巴两国的外交关系，从此掀开崭新篇章。

就此书而言，简直有些神了，不是吗？

——如果早一点儿出版，此书便因没写建交这一极其重大的事件而内容滞后；

——若再晚一点儿出版，又赶不及广大读者极欲了解巴拿马这个陌生国家的热切渴望。

↑ 2017年6月12日晚，获悉中巴两国正式建交的喜讯后，旅巴侨胞无不兴高采烈。侨胞们奔走相告，自发举行各种庆祝活动。（资料图片）

恰好赶在两国正式建交的关键当口儿问世，真可谓天时、地利、人和！

其实，就在两国建交的前几天，在巴拿马城就有一系列迹象显现。

建交前两天，巴方对建交的最大推手、巴拿马总统巴雷拉，亲自出席由中国岚桥集团承建的港埠工程的奠基仪式，以示对中国的友好。上届政府外长何塞·穆利尼奥也抑制不住兴奋地说："两国早该建交了，真是好消息！"

↑ 中巴两国建交后的宣传画。

虽然巴拿马与中国刚刚建交，但两国人民之间的交往历史却长达一百六十多年。今天，大多数中国人不会知道，早在1910年，即辛亥革命的前一年，中国的清政府就已经与巴拿马建立了外交关系。1922年1月，巴拿马政府同意中华民国政府在巴拿马设立公使馆。新中国成立以后，历史延续下来的中巴关系，被台湾地区的国民党当局所"承袭"。

直至2017年6月13日这一天，巴拿马政府宣布与台湾当局终止"外交关系"，中华人民共和国与巴拿马共和国正式建立了外交关系。

虽然中华人民共和国成立68年间，与巴拿马没有建

↑ 中华人民共和国驻巴拿马共和国首任大使魏强。

↑ 巴拿马首任驻华大使施可方（弗朗西斯科·埃斯科巴·佩德雷基）。（林锦珍供图）

交，但中国对这一美洲中部地峡之国巴拿马的国家认同，始终处于非常清醒和明确的状态中。

自20世纪70年代以来，中国和巴拿马之间就互动不断。两国在经济、贸易、文化交流，特别是人民之间的往来，日益增多并愈加频繁。

从1996年开始，中巴双方已经在对方首都互设了非官方的贸易发展办事处。位于巴拿马城的中国巴拿马贸易发展办事处，就是中方在巴拿马的非官方机构。

2016年我访问巴拿马期间，适逢中国巴拿马贸易发展办事处第六任代表王卫华先生临时回国而未能相遇。但王卫华代表依然从北京指示办事处领事张慧芬先生，请他代表办事处出席我在巴拿马城的公共外交活动以示支持。

中巴宣布建交后，时任中国驻巴拿马使馆临时代办王卫华，这位在巴拿马工作已届九年的中国资深外交官，抑制不住内心的兴奋，对在巴拿马的华侨华人说道："中国巴拿马贸易发展办事处历经二十多年，现已胜利完成历史使命。办事处的铭牌，可以送进历史博物馆陈列了。"

而巴拿马设在北京的巴拿马中国贸易发展办事处代表林锦珍女士，同样非常高兴。这位出生于巴拿马、祖籍在广东省中山市的巴拿马二代华人，对自己的祖籍国有着深厚感情，曾多次回到中山市省亲。

在两国宣布建交的这几天，她身为巴拿马驻中国的官方代表，一方面要陪同巴拿马副总统兼外交部长德圣马洛女士对华访问，另一方面还抽暇积极联系巴拿马旅游部部长古斯塔沃·伊姆为本书撰序之事，并顺利地向我传来了这位部长的序言。■

←2017年6月20日，旅巴中国侨团举行庆祝中巴两国建交欢庆会。左起：巴拿马中国中山同乡会会长林华康，曾任中国巴拿马贸易发展办事处代表、时任中国驻巴拿马使馆临时代办王卫华，巴拿马中国中山同乡会成员，巴拿马城市长何塞·布兰登。

↑2017年6月20日，旅巴中国侨团举行庆祝中巴两国建交欢庆会。左起：巴拿马旅游部长古斯塔沃·伊姆、巴拿马城市长何塞·布兰登、巴拿马中国中山同乡会会长林华康。

↑2017年6月20日，旅巴中国侨团举行庆祝中巴两国建交欢庆会。左三为曾任中国巴拿马贸易发展办事处领事、现任中国驻巴拿马使馆领事张慧芬，左二为巴拿马中华总会曾广天。

↑2016年12月，中国人民对外友好协会副会长谢元访问巴拿马，出席巴拿马中国友好协会成立15周年庆祝活动并致辞，向巴中友协主席奥伊登·奥尔特加·杜兰颁发“中拉友谊奖章”。(孙涛供图)

BICSA
SAMSUNG
BAC
Hilton

巴拿马共和国首都巴拿马城鸟瞰

二、面晤旅游部长，新旅游目的地国呼之欲出

↑巴拿马国家旅游部部长古斯塔沃·伊姆（左）在办公室与作者余熙合影。（林华康摄）

在两国宣布建交的几天前，巴拿马共和国旅游部部长古斯塔沃·伊姆在巴拿马城欣然出席由中国建设承包的阿玛多尔大会议中心的开工仪式。他的出席，令人们对两国可能会建交有着诸多猜测和期待。

说起这位伊姆部长，我不禁回忆起2016年5月11日，我在巴拿马城与他的愉快面晤。巴拿马国家旅游部，坐落于海滨大道的一幢现代化高楼内。部长古斯塔沃·伊姆的办公室宽敞气派。透过一长排硕大落地窗看出去，是一望无际的加勒比海海景，并有优美弧线水岸相绕、参差错落的高楼华宇。窗下，就是整齐流畅、车水马龙的海滨大道。

五十多岁的伊姆，一看即是精明干练、年富力强、目光深沉的政府官员。他长有一副典型的欧美人相貌，但自称“有八分之一的中国血统”，是第三代华裔。

部长告诉我：“我祖父的祖籍在中国的广东省。我的父母亲都出生在巴拿马，家族既有中国人的血统，也有阿根廷人的血统。我的家人在巴拿马分布很广，首都、内地、东部都有。我记得祖父是不会说西班牙语的，遗憾的是他去世已久，生前没有告诉我们老家在广东省的哪个地方？我虽然没有回过广东，但是常在心中思念！”

这位祖籍在中国的巴拿马内阁部长，尽管自己尚未来过中国，但对于中国发展的信息极为关注。他仔细倾听着我对中国经济发展成就的详细介绍，特别对我透露的“每年有一亿人次以上中国人出境旅游”的信息甚为感兴趣，并立即联想到这是否有可能为巴拿马带来新的旅游机遇。他边听边询问，看得出，他为自己的祖籍国经济如此向好

←巴拿马国家旅游部部长古斯塔沃·伊姆（左）在办公室接受作者采访。（林华康摄）

而发自内心地高兴。

我俩的见面时间为2016年的5月，一年之后两国才正式建交。但彼时这位部长已经与我谈兴甚浓。他对中国经济高速发展感到吃惊，急切地向我打听中国人近年出国旅游的趋势，强烈期待能有更多的中国人赴巴拿马旅游！

为此，伊姆部长试图与我一起探究：当今巴拿马的旅游业，如何才能更有针对性地吸引中国的游客？他细心征求我的意见：巴拿马旅游业的服务质量还有哪些地方有待改善提高？见到这位政府部长如此谦逊，我不禁浮想起在各地观察的新兴旅游设施建设情景，于是也不作保留地就所见所感阐述了观点。部长越听越高兴，一再表示谢意。

与伊姆部长的面晤，使我强烈感受到他的务实作风，那就是会把话题“一竿子插到底”。

我与部长会见的消息，早已被旅游部透露给巴拿马著名的百年主流老报《巴拿马之星》（*LAESTRELLA DE PANAMA*，该日报创刊于1849年）了。当我告别部长走出办公室，等候门外的《巴拿马之星》日报女记者菲尼克斯·瑞兹（Felix Ruiz）女士立即迎上前来，开始对我进行专访。

我抓住这个机会，向巴拿马主流媒体认真地讲述中国故事，介绍今日中国经济和社会发展成就。很快，该报就在纸媒和网站图文发表了瑞兹记者采写的长篇报道。

↓巴拿马新城区簇新的建筑鳞次栉比。

FUNDADO EN 1849
LA ESTRELLA DE PANAMÁ

22°

Economía

17/05/2016 - 12:00 a.m. martes 17 de mayo de 2016

Por qué tanta gente quiere venir a Panamá

Un periodista chino pondrá a Panamá en las agendas e itinerarios de los nacionales de su país, a través del libro 'Ten un día con Panamá'

17/05/2016 - 12:00 a.m. martes 17 de mayo de 2016

Por qué tanta gente quiere venir a Panamá

Un periodista chino pondrá a Panamá en las agendas e itinerarios de los nacionales de su país, a través del libro 'Ten un día con Panamá'

AUTORIDAD DE TURISMO DE PANAMÁ

El periodista Yu Xi (c) sustentó la iniciativa al administrador de la ATP, Gustavo Him (i).

El periodista Yu Xi, de origen chino, especializado en turismo, arte pictórica y fotografía, visitó Panamá para manifestar su interés de dar a conocer las 'bondades turísticas' del país a nivel internacional. Acercar, a través de sus escritos e imágenes, al istmo con la China milenaria.

PERIODISMO TURÍSTICO

- Yu Xi ha sido premiado por sus trabajos en turismo y fotografía.
- El periodista Yu Xi ha dictado 500 conferencias y celebrado 33 exposiciones de sus obras pictóricas y fotográficas en diferentes países del mundo.
- Cuenta con 25 obras literarias y artísticas relacionadas con el turismo de Cuba, Uruguay, Jamaica, Estados Unidos, Alemania, Francia, Suiza y otros.

Yu Xi, quien ha publicado 25 obras literarias y artísticas relacionadas con el turismo, asegura que este proyecto es motivado por la curiosidad de descubrir, por medio de su investigación, 'por qué tanta gente quiere venir a Panamá' a conocer su cultura, su arte y tradiciones.

Diario La Estrella de Panamá 22°

histórico de Panamá Viejo, el Casco Antiguo, la región de Azuero, Bocas del Toro, David y Boquete, en la provincia de Chiriquí, entre otros, fueron capturados por el lente de Yu Xi en unas treinta mil fotografías entre las que se escogerá las más emblemáticas para promocionar al país.

Durante su visita, el periodista asiático también recorrió el área del tercer juego de esclusas, en el sector del Atlántico, que serán inauguradas el próximo 26 de junio, junto con las del Pacífico.

'El Canal es de gran interés para China, porque Panamá es uno de sus socios comerciales más importantes por el tránsito seguido de buques por la vía acuática', comentó, entusiasmado, Yu Xi.

El experto en periodismo turístico y cultural manifestó, además, que para su país es de gran complacencia que el portacontenedores Cosco Shipping Panamá (antes llamado Andronikos), de la naviera Cosco, con sede

LA ESTRELLA DE PANAMÁ 22°

investigación, 'por qué tanta gente quiere venir a Panamá' a conocer su cultura, su arte y tradiciones.

El periodista explicó al administrador de la Autoridad de Turismo de Panamá (ATP), Gustavo Him, que enfocará el proyecto denominado 'Ten un día con Panamá' en las zonas turísticas, la naturaleza, sociedad y cultura, y cómo hace el país para conservar su riqueza natural que, a su juicio, es uno de sus principales y más valiosos atractivos.

'TEN UN DÍA CON PANAMÁ'

Sitios como el conjunto monumental histórico de Panamá Viejo, el Casco Antiguo, la región de Azuero, Bocas del Toro, David y Boquete, en la provincia de Chiriquí, entre otros, fueron capturados por el lente de Yu Xi en unas treinta mil fotografías entre las que se escogerá las más emblemáticas para promocionar al país.

Durante su visita, el periodista asiático también recorrió el área del tercer juego de

LA ESTRELLA DE PANAMÁ 22°

esclusas, en el sector del Atlántico, que serán inauguradas el próximo 26 de junio, junto con las del Pacífico.

'El Canal es de gran interés para China, porque Panamá es uno de sus socios comerciales más importantes por el tránsito seguido de buques por la vía acuática', comentó, entusiasmado, Yu Xi.

El experto en periodismo turístico y cultural manifestó, además, que para su país es de gran complacencia que el portacontenedores Cosco Shipping Panamá (antes llamado Andronikos), de la naviera Cosco, con sede en China, resultara favorecido como el primer buque que transitará por el canal ampliado.

SIGLOS DE HISTORIA COMPARTIDA

Aunque desde hace algún tiempo Yu Xi, tenía la inquietud de publicar un libro sobre la cultura, tradiciones y la belleza de los parajes de la Panamá moderna y la antigua, no fue

LA ESTRELLA DE PANAMÁ 22°

hasta que leyó sobre la llegada de los primeros chinos, en 1854, para participar en la construcción del ferrocarril y luego en el canal, que su fascinación aumentó, así lo hizo saber el reconocido comunicador.

Para finales de 2016 o inicios de 2017 se espera la distribución de los primeros ejemplares del libro en China. Unos cien millones de sus nacionales que viajan, cada año, por diferentes razones por el mundo, podrían poner a Panamá en sus agendas.

TEMAS
ECONOMÍA EN PANAMÁ
AUTORIDAD DE TURISMO DE PANAMÁ ATP
PANAMÁ

Comentarios Comunidad Acceder

↑ 2016年5月17日，创刊于1849年的巴拿马百年老报《巴拿马之星》日报，发表对余熙的新闻专访。图为该报网站版面。

一位年长的旅巴侨领读了《巴拿马之星》的报道后发出感慨："几十年来，我这还是第一次见到巴拿马报纸愿意拿出这么大的篇幅，报道中国记者和作家对中国情况的介绍啊。"

从伊姆部长为本书撰写的序言可以看出，他的笔触始终聚焦于如何促进中巴两国的旅游合作上。现在两国正式建交了，有感于这位部长拥有如此热切的工作劲头，我预测不需很长时间，巴拿马势必会迎来一拨接一拨中国游客。这个加勒比地峡之国，很快将成为中国人津津乐道且乐于选择的"新的旅游目的地国"。■

巴拿马城新城区的高度现代感。

←从空中鸟瞰加勒比海，巴拿马海域游弋着大量准备通过巴拿马运河的巨型远洋货轮。

三、巴拿马，五十多年前在中国昙花一现

↑1964年，北京市百万市民走上街头游行示威，高呼："要巴拿马，不要美国佬！"（资料图片）

下面，咱就来说道说道这个巴拿马吧！

巴拿马，一个色彩斑斓、充满故事的神奇国度。

巴拿马共和国，位于加勒比地区，是连接太平洋和大西洋的地峡之国，一度是中国人民十分关切并为之狠狠闹腾过一番的国家。

时光溯移至1964年。

1964年1月10日，当巴拿马坚决要求美国归还巴拿马运河管理权而无果后，巴拿马对美国的积怨日益加深。愤怒的巴拿马做出决定：与美国断绝外交关系。

巴拿马与美国断交啦！

这一信息，立即传到了地球另一面的中国。

刚上小学，还处在懵懵懂懂年龄的我至今依然记得，大人们有一天突然都上街了。他们扯着横幅，举着三角纸旗，边呼喊边游行，说是美国佬硬霸占巴拿马运河不肯归还人家，中国人民要抗议这欺负人的行为。

就在1964年的1月12日，中国领导人毛泽东以对《人民日报》记者发表谈话的形式阐述中国官方立场：

"目前巴拿马人民正在英勇地进行反对美国侵略、维护国家主权的斗争，是伟大的爱国斗争。中国人民坚决站在巴拿马人民一边，完全支援他们反对美国侵略者、要求收回巴拿马运河主权的正义行动。"

毛泽东还气势恢宏地向地球人发布动员令：

"社会主义阵营各国人民要联合起来，亚洲、非洲、拉

丁美洲各国人民要联合起来，全世界各大洲的人民要联合起来，所有受到美国侵略、控制、干涉和欺负的国家要联合起来，结成最广泛的统一战线，反对美帝国主义的侵略政策和战争政策，保卫世界和平！”

首都百万人高呼：
“要巴拿馬，不要美国佬！”
参加游行集会的各界人民、外国留学生
强烈谴責美国在亚非拉的滔天罪行
政协和各民主党派、工商联負責人黄炎培陈叔通等
参加示威游行热烈拥护毛主席的談話

↑ 1964年1月15日《人民日报》第一版。（资料图片）

领袖的集结令一发表，国家主席刘少奇、总理周恩来、全国人大常委会委员长朱德，也都分别致电巴拿马总统和议长，表示中国支持巴拿马人民正义斗争的官方立场。

中国当时最为热门的政治口号，既简洁又易记：

“要巴拿马，不要美国佬！”

一时间，中国广大城乡数以亿计的人民群众，几乎都被组织起来走向街头，举行各种各样的游行抗议和示威活动。“要巴拿马，不要美国佬”的口号，响彻整个中华大地——这，就是我的脑海残存至今的儿时记忆。

与此同时，从党中央机关报《人民日报》到各省、自治区、直辖市的地方党报以及各种刊物，也全都在头版以整版篇幅，用粗黑体标题刊发批判文章，主题全都是：“要巴拿马，不要美国佬！”

例如，上海著名京剧演员周信芳，就曾在《上海戏剧》1964年第1期上发表题为《要巴拿马，不要美国佬》的文章道：“正在新的一年开始的时候，听到了巴拿马人民掀起了反美帝斗争的消息。美帝国主义血腥屠杀巴拿马人民，使我们万分愤慨，巴拿马人民的英勇正义斗争，使我们鼓舞振奋。我们完全拥护毛泽东主席就支持巴拿马人民爱国正义斗争对《人民日报》记者所发表的谈话，这是我们六亿五千万人民的意志和呼声……”

就这样，一个遥不可及且陌生无比的蕞尔小国，就因那条有名的运河，竟然在五十多年前以极为强悍的力度，“轰”地撞开无数中国人的心扉。

当年手举小旗游过行的年轻人，现在全都是白发苍苍的老年人了。他们偶尔依稀想起，当年曾经以拯救全人类为己任的自己，曾经声嘶力竭振臂呼喊，一定要拯救其于水火之中，那个叫作“巴拿马”的国家，如今不知怎样了？

↑ 1964年，中国人民在各地走上街头游行示威，声援巴拿马人民。(资料图片)

斗转星移。

今日知道“巴拿马”的中国人，特别是年轻人，依然并不多见。这个形同走廊、陆上能连接南北两大美洲、运河能接通太平洋大西洋的地峡之国，与中国实在陌生得很，素少有人对其关注。只有国内个别酒业为炫耀百年前获“巴拿马万国博览会金奖”的广告而造势时，才会对这个国名偶有提及。

然而，就在几年前，“巴拿马”一度在中国年轻人的视野里被镀上了一道“光环”——美国电视连续剧《越狱》风靡中国大陆，剧中大帅哥“迈克尔”曾眼神迷离地道白：

“巴拿马……”

这个陌生的国名，一下子将无数年轻的中国“迈粉们”

逗得一愣一愣的。人们纳闷：那镜头中海水湛蓝、椰树成林、连“万人迷”的迈克尔都终极向往的国家，乃为何方神圣天堂？

现在两国终于建交了，我们终于有机会深度了解巴拿马了。

美丽的巴拿马，肯定会成为中国人最新、最向往的旅游目的地国。

那么，巴拿马，你这位陌生的老朋友到底长啥样？

想知道这片土地究竟美在何处吗？

想去巴拿马的丛林与海岛旅游吗？

想发掘这片神奇土地的特色文化吗？

就请你跟着我的书，走进巴拿马吧！■

↑1964年，北京市民在长安街上游行示威，声援巴拿马人民。（资料图片）

巴拿马海岛风光。

第一章

巴拿马，色彩斑斓的故事之国

一、初识巴拿马，长得这模样

1. 这个国家的自然形态

巴拿马共和国（英文：The Republic of Panama，西班牙文：la República de Panamá），在我国官方地理上它被划归北美洲。是一个自然物产比较富饶的发展中国家。

其实，巴拿马准确的位置，位于美洲中部的地峡。因其与北美洲和南美洲地峡的东南端相连接，故有“南北美洲走廊”之喻。

↓海边的悬崖怪石。

巴拿马共和国的面积为75517平方公里，海岸线全长2988公里。其地形狭长，像一只匍匐的鳄鱼。

它有山地。最高峰奇里基火山，又名巴鲁火山，是巴拿马西部的熄火山，最高峰海拔3475米。山地南麓和西麓覆盖着茂盛的柑橘林和咖啡林。

巴拿马地近赤道，属热带海洋性气候。它全年分旱、雨两季，雨季为5—12月，气候炎热，平均气温为23℃—32℃，旱季为1—4月，气温为21℃—31℃。年均降水量1500—2500毫米，平均日降水量28毫米。

我于2016年5月，在这个国家待过15天。其时适逢雨季边缘，时而会遇到瓢泼大雨，但很快便雨停日出，空气中负离子格外充足，洗刷过的天地更显清爽洁净，且几乎每次雨后日出时都可瞥见美丽的彩虹，甚至常遇幸运的双道彩虹。

这个国家将中部美洲和南美洲奇妙相连，而巴拿马运河则从北至南连通大西洋和太平洋。这使得它东连哥伦比亚，南濒太平洋，西接哥斯达黎加，北临加勒比海，位于

巴拿马的自然风光优美旖旎。

巴拿马可谓生物生长的天堂。

巴拿马可谓生物生长的天堂。

一个看不见的十字架的正中央。

↑巴拿马共和国国旗。

2. 国徽、国旗、国鸟与国花

巴拿马的国旗，由巴拿马首任总统曼努埃尔·阿马多尔·格雷罗亲自设计。

它呈大长方形，由四个相等的小长方形构成。左上和右下为白色长方形，其中分别有蓝色和红色五角星；左下方为蓝色长方形，右上方为红色长方形。白色象征和平；红色和蓝色分别代表原巴拿马的自由党和保守党，这两色在国旗上的位置，表示两党联合起来为民族的利益而奋斗。两颗五角星分别象征忠诚和力量。

↑巴拿马共和国国徽。

巴拿马的国徽，中心图案为盾徽。盾面有五组图案，中为巴拿马地峡；地峡之上的太阳和月亮图案，象征该国的独立。左上角为交叉的长剑和步枪，象征为独立而战的精神；右上角的铲子和锤子代表劳动；左下角是羊角，象征国家的财富和繁荣；右下角带双翼的飞轮代表进步。盾徽上端是被称为“百鸟之王”的大兀鹰。鹰嘴叼的饰带写着“为了世界的利益”；鹰之上为10颗黄色五角星，代表巴拿马的10个省。盾徽两侧饰有巴拿马国旗。

↑巴拿马共和国国鸟角雕。

巴拿马的国鸟为角雕。它是各种鹰中体量最大的飞禽，头上长着几片竖立的羽毛，远看似角，非常威武。身体越重的角雕，其繁殖速度越慢，每隔三四年才生两个蛋，而且其中只有一只蛋能孵出雏鸟。

巴拿马的国花，为鸽子花。

3. 色泽迥异的国民肤色和语言

↑巴拿马共和国国花鸽子兰花。

由于巴拿马特有的地理位置以及多年来许多人来到巴拿马修建铁路及运河等工作的原因，巴拿马的人口以土著、西班牙及非洲裔混血为主，其余的人口为华裔，白人，印第安人，非洲裔及其他。巴拿马的人口为393万。其中，印欧混血种人占65%，其他依次为非裔12%、欧裔10%、华裔7%、印第安人6%。大部分的巴拿马人口集中在巴拿

←巴拿马印第安原住民生活形态。

马和科隆之间的大都市区。

巴拿马外交部官网对全国主要地区人口的数据显示，精确到了个位数。其中首都巴拿马城430299人，巴拿马地区880691人，巴拿马省1713000人。科隆市34655人，科隆地区206553人；大卫城82907人，大卫地区144858人……

只要你一踏进这个国度，即可感知这里的人种十分丰富——白、黑、棕、黄……

巴拿马人的语言特征，主要以加勒比海—西班牙的文化、习俗和语言为主。“卡斯蒂利亚语”（西班牙语）作为巴拿马的官方语言在全国通用，英语是第二普及语言，企业家和专业人士普遍会讲英语。

↑巴拿马印第安原住民。

巴拿马人口来源复杂，因而不同民族、不同宗教的节日甚多。但众望所归的国家节日只有一个：始于1903年，每年11月3日必定举国庆贺的“国家独立日”。

从20世纪七八十年代开始，从中国大陆移居巴拿马的中国人逐年增多。现常住的华侨华人会有多少？我于2016年5月在巴拿马实地考察获悉，不包括早年华人，单从大陆沿海地区移居巴拿马的华侨华人，数量已逾30万人。

4. 这个国家的总统是谁

巴拿马自1501年沦为西班牙殖民地后，直至19世纪的1821年，终于加入大哥伦比亚共和国。1903年，巴拿马在美国政府支持下脱离哥伦比亚，宣布国家独立。自此，它的国家形态开始成型，现当代国家的历史画卷也随之开启。

→巴拿马共和国总统胡安·卡洛斯·巴雷拉（Juan Carlos Varela）和夫人。（林锦珍供图）

巴拿马共和国现任总统是胡安·卡洛斯·巴雷拉（Juan Carlos Varela）。他于2014年7月1日就任总统，任期为5年。巴雷拉于1963年12月12日生于巴拿马城，毕业于美国佐治亚州立理工学院，曾是一名工程师，也是知名企业家，拥有家族制酒业“巴雷拉兄弟”和数家无线电台等产业。他还曾担任过副总统兼外长。

2016年6月27日，这位总统在巴拿马运河新闸扩建竣工典礼上，特别向来自未建交国家中华人民共和国的远洋货轮“中远海运巴拿马号”货轮，授予了首航过河纪念牌；并向中远海运集团董事长许立荣授予运河新船闸的开通纪念银币。此举被视为巴拿马共和国将与中华人民共和国修好的前兆。

一年后的2017年6月13日，正是这位巴雷拉总统，通过电视台宣布巴拿马与中国正式建交。而他此前曾多次说过：“早在10年前，我就希望促成巴拿马与中国建交。”

5. 丰富的自然资源、旅游资源与多元经济格局

巴拿马的自然资源丰富，物产丰饶。

全国70%以上的土地为热带森林所覆盖，主要有红木、雪松、棕榈树、橡胶树等。

矿产有金、银、铁、铜、钼、铝矾土、盐、汞、硫黄、煤等，除盐和铝矾土外的矿藏尚未开采。

巴拿马重工业基础薄弱。现拥有采矿、制造、建筑、食品加工、服装加工、造纸、皮革等工业业态。水稻、玉米、豆类为主要农作物。香蕉、甘蔗和咖啡为主要经济作物。

巴拿马是海运大国。巴拿马运河担负着全世界5%的贸易货运。全国大小港口有15个，其中克里斯托瓦尔港为

↓ 巴拿马城著名景点法兰西广场。

旅游业是巴拿马国民经济的支柱产业，其高品质旅游景点遍及全国。

最大港口，巴尔沃亚港为第二大港。这两大港占巴拿马国际贸易运输的75%。瓦尔蒙特港为渔港。

巴拿马也是拉美航空运输中心之一。最大的托库门（原名奥马尔·托里霍斯）国际机场，每天可起降逾百架次航班。

巴拿马的国内交通以公路为主，遍及全国各地公路网的路况一般较佳。

巴拿马是具有世界吸引力的旅游强国，旅游资源丰富，

↓晚霞笼罩的巴拿马城。

旅游业是国家重要的支柱产业。

巴拿马政府和人民对维护国家旅游资源，努力吸引世界各国游客来本国旅游有着极大热情。政府制定了大量有助于发展旅游产业的政策与法规。国家旅游业创汇额度仅次于巴拿马运河和科隆自由区，位列第三。重点旅游区为巴拿马运河的阶梯式大闸门、被誉为珍珠宝岛的孔塔多拉旅游胜地、美洲大桥、国际金融中心，以及圣布拉斯群岛、雷岛等。

↑作者乘坐这种小型飞机。从巴拿马城方便地飞往奇里基省、牛口省等多处著名景点。(林圣融摄)

我在巴拿马期间，不仅对首都巴拿马城的旅游业有着深切体验，还两次去过毗邻哥伦比亚的东部边境地区旅游，那是奇里基省大卫市的柏格德与巴奴国家公园，牛口省的科隆岛和沙巴提亚沙洲，有丛林，有绿洲，有沙滩，有海岛。

此外，我两次乘独木舟拜访过位于科纳的印第安原始部落。

这些地区的自然文化特色和旅游资源，尽管与首都巴拿马城风格迥异，但给我留下难忘的记忆。

6. 服务业发达，鲑鱼、金枪鱼大量出口的国家

巴拿马的服务业发达，占国内生产总值的77%，包括金融服务、保险、保健和医药、运输、电信、巴拿马运河及海事服务、旅游、科隆自由贸易区、公共管理和一般贸易。

↓旅游业是巴拿马国民经济的支柱产业，其高品质旅游景点遍及全国。

巴拿马城老城区殖民时期建筑。

↑ 巴拿马盛产的鲑鱼和金枪鱼，出口到全世界。

运河航运、金融服务、科隆自贸区和旅游业是巴拿马经济的主要支柱。近年来，巴拿马经济保持较快增长。2016年国内生产总值374.7亿美元，人均国内生产总值9534美元，国内生产总值增长率4.9%，通货膨胀率0.2%，失业率4.8%。

商品贸易历年均有巨额逆差。2016年外贸总额305.15亿美元，其中出口额99.53亿美元（包括科隆自贸区出口93.17亿美元），进口额205.62亿美元（包括科隆自贸区进口88.72亿美元），同比分别下降7.6%、8.5%和7.1%。主要出口产品为香蕉、虾、蔗糖、鱼粉等，主要出口对象为美国、荷兰、哥斯达黎加、中国等。主要进口石油产品、汽车、机电产品、药品等，进口主要来自美国、科隆自贸区、中国等。

7. 首都巴拿马城的来历

巴拿马首都名为巴拿马城（西班牙文：Ciudad de Panamá）。

巴拿马城位于巴拿马运河太平洋岸河口附近的半岛上。城市面临巴拿马湾，背靠安康山谷，风景如画。

它原为印第安人渔村，旧城始建于1519年；1903年巴拿马脱离哥伦比亚宣布独立后，该城成为首都。

巴拿马城显然是这个国家最重要的城市。这不仅因为它作为首都是全国政治经济文化的中心，更因它拥有举世瞩目的“巴拿马运河”。关于这条运河的故事，本书辟有

↑ 陈列于巴拿马城首都自然博物馆内的历史图片，揭示巴拿马城的古代历史。

专章加以描述。

我在巴拿马期间，主要的活动区域就在巴拿马城，这座世界闻名的人类文化遗产城市给我留下了强烈而深刻的印象。

↑ 佩德罗·德阿维拉，15—16世纪巴拿马古城建造的领导者之一。

8. 这里的语言、宗教、文化、教育

西班牙语中的“卡斯蒂利亚语”，是这个国家的官方语言。但城里许多人，特别是企业界人士和专业人士，普遍会说英语。

巴拿马85%的居民信奉天主教，4.7%的居民信奉基督

巴拿马城的新城区高楼林立。

巴拿马城的古城区只遗留下历史博物馆。图为博物馆内陈列的古城遗址。

↑ 图为巴拿马现代油画。

教新教，4.5%的居民信奉伊斯兰教。旅巴华侨华人中也有信奉佛教者，新一代中国移民甚至在这里建有佛教寺庙。

多元文化构成巴拿马的国家文化特色。这里每一块土地，都溢满丰富多彩的民俗风情和民间故事。

“莎莎音乐”是这个国家的主流音乐风格。它混合了蓝调音乐、爵士乐以及摇滚乐，对巴拿马人有着特殊意义。鲁本·布雷德斯是最受尊崇的巴拿马莎莎音乐代表乐手。

巴拿马的艺术深受土著文化影响。这里可以看到古纳人的摩拉造型。在总统府和国家大剧院的穹窿，绘有被复原的、举国仰慕的画家罗伯托·莱维斯的画作。

在体育领域，罗伯托·杜兰是巴拿马最著名的拳击手。马里亚诺·里维拉以杰出技艺入选纽约洋基队担任投手。

巴拿马是非常重视教育的国度。94.5%的巴拿马人会读写文字。全国有88所规模不一的高等院校。著名的巴拿马大学始建于1935年，校址设在巴拿马城。此外还有技术

↓ 多元文化共存是巴拿马文化的特色。

↑ 巴拿马城一座教堂的神龛。

大学、圣玛丽亚大学和地峡大学等。仅在2010年，就有超过11万名学生进入巴拿马大学、理工大学、奇里基省自治大学和安提瓜圣玛丽亚大学（私立天主教机构）。

巴拿马对全国6—15岁儿童施行6年制义务教育。截至2010年，共有72万名学生在中小学就读。

9. 发达的新闻媒体业

新闻媒体在巴拿马比较发达。主要报刊有《新闻报》《美洲巴拿马》《自由论坛报》（与《美洲巴拿马》系姊妹报），还有《世纪报》和《巴拿马之星》。

巴拿马还有数以百计的广播电台，其大部分为商业台；有5家著名的电视台：巴拿马无线广播公司电视台、地峡电视台、教育电视台、空中之波电视台和国家电视台。

我在巴拿马城分别接受过当地报社和电视台的采访。我把接受所在国主流媒体采访，视为传播中国声音的重要机遇，并予以重视和配合。

2016年5月17日，就在我刚刚离开巴拿马，巴拿马著名日报《巴拿马之星》就在纸媒和网站发表发表了对我的新闻专访。这次采访是在巴拿马国家旅游部内，我当时刚刚会见完旅游部部长古斯塔沃·伊姆先生。等候门外的女

↑巴拿马城的天主教堂随处可见。

↓百年老报《巴拿马之星》日报（创刊于1849年）记者菲尼克斯·瑞兹女士（右）正在采访作者（左）。（林华康摄）

↑ 巴拿马23电视台、巴拿马中讯网的华人记者徐凤燕（左二）正在采访余熙（右二）。（曾天广摄）

记者菲尼克斯·瑞兹便抓住时机采访了我。回到中国后不久，巴拿马中国贸易发展办事处代表林锦珍女士传来了该报网站对我的专访版面。

此外，我还接受了巴拿马23电视台、巴拿马中讯网记者的新闻专访，并通过荧屏和网站讲述中国故事。

采访我的是23电视台和巴拿马中讯网的华人美女记者徐凤燕。这位年轻记者不仅容貌姣好，身材窈窕，思维也很敏捷，语言表达更是清晰流畅，当为巴拿马难得的优秀华裔电视、网络的主持人和记者。当天，徐凤燕记者对我多次巧妙提问，为我多角度地阐述中国故事提供了广阔空间。

这家电视台和网站把采访我的地点，选在新唐人街上的“巴拿马中华总会”内。那里有浓郁的中国文化氛围，墙壁四周许多大红色锦旗，凸显着中国大陆习见的文化亲切感。

受临时回国的中国巴拿马贸易发展办事处代表王卫华的委托，办事处领事张慧芬专程提前赶到采访现场，代表王卫华代表，并与巴拿马中华总会常务副会长何文生一起，

LA ESTRELLA DE PANAMÁ

‘A la Dirección de Medios se le ha desvirtuado el papel’

Minsa y CSS consolidarán lista de medicamentos

Así terminó el golpe de Acción Comunal

Los pequeños celebran su día

Facetas

China mueve el ajedrez del poder global

Pasión

Panamá avanza en la Copa Oro

Martinelli teme que arresten a sus hijos

↑ 巴拿马百年老报《巴拿马之星》日报2017年7月16日的版面一瞥。

联袂出席我的电视演讲会。张慧芬说：“我们前来出席，是为了对您自发举办的公共外交活动表示敬佩和感谢。”

我们声情并茂地向巴拿马电视和网站观众讲述了中国故事，并对中国经济社会发展成就做了详细说明。

↑百年老报《巴拿马之星》日报（创刊于1849年）记者菲尼克斯·瑞兹女士（右）正在采访作者。（林圣融摄）

↓作者和巴拿马的市民朋友们。

10. 国家通行的社会礼仪和文明

巴拿马人比较讲究仪态礼仪。

他们在交谈时，喜欢把双方的距离靠得近一些，认为这样才更显得亲近自然。他们习用一些手势致礼语汇，如吻对方的指尖以示赞美。在正式社交场合同宾客见面时，双方常行握手礼；而在亲朋好友之间，见面时常行拥抱礼。在街头遇见熟人时，则以点头为礼。当地人接听电话时，往往先问您是谁，这与欧美国家先自报家门的习惯不同。

婚丧礼仪也是巴拿马人比较重视的民俗文化。少女在婚礼前，须经历成年礼的仪式。仪式进行时，全村人都要赠送礼物，女方父母则要宴请全村人。

巴拿马的城市居民，在正式场合通常着西装革履。在商务活动中，巴拿马人很注重正式的衣着。客商出席谈判场合时，哪怕天气再热也必须穿正装。我曾于高温之下进入总统府或与政府部长会见，也都着西服打领带，感觉上实在闷热难耐。

巴拿马人对约会通常不太讲究守时赴约，但作为外国客商最好按时到达以示礼貌。

双方第一次正式会面时，可互递印有英文和西班牙文的名片。当地商人习惯于中午回家吃午饭，因此商务午宴并不流行。

巴拿马人在与外国人接触时，通常不习惯谈论政治、运河区主权、政府外交政策等话题。女性不喜欢别人问及她的年龄，不爱打听男女的私生活及工资收入。外人到巴拿马人家中做客时，不宜过分赞美主人的某样物品。

巴拿马流行小费文化。对机场行李员、酒店服务生、餐厅招待，必须支付其个人1美元以上的小费。就餐结账

↑巴拿马城的小渔港，渔民纷纷将捕获成果运送上岸。

时，则需在账单上加付10%的小费。

11. 加勒比风俗浓郁的社会文化

巴拿马的商业和服务业比较发达。市中心有24小时便利店和各种超市。市中心还有规模宏大、非常现代便捷的大型购物中心。

巴拿马人以大米和玉米为主食。主菜多为牛肉或鱼、虾；食品讲究五味俱全，肉煮赤豆为特色食品。当地人还喜欢用名为“桑科乔”的食品宴请外国客人。

巴拿马人中午用餐比较简单，通常为米饭佐巴拿马鸡肉汤。午餐时间多为12∶30起；晚餐较正式，时间为20∶00起。人们普遍喜爱甜食，习惯饭后用甜点。

↑巴拿马的商场设施现代，购物环境舒适，商品极为丰富。

↓巴拿马城海滨鱼市非常有名，每天都有大量新鲜海产品上市。

由于天热，人们习惯穿“波列拉”，这是用优质白麻纱或高级薄麻布做成的薄纱透气短衫，饰有精致的贴花或绣着生动的图案。农民则爱穿薄衣料做成的圆领长衬衫“下米西利亚”；女子喜爱饰有彩色图案的连衣裙或绣花短裙。

巴拿马每年都要举行被称为“谢肉祭”的狂欢节。节日中，人们身着华丽的服装，装扮成各种奇异的角色在街头游行欢庆。

巴拿马的自来水十分洁净，可以直接饮用。

每月“13”日这一天，被有些巴拿马人视为不吉之日。

巴拿马日常餐食一瞥。

↑巴拿马多元文化体现在丰富多彩的社会日常生活习俗上，傩面人偶大受欢迎。

12. 闻名于世的巴拿马草帽

中国人了解巴拿马者虽然不多，但听说过“巴拿马草帽”者则有不少。“巴拿马草帽”，确实为巴拿马这个国家知名度的提升，立下汗马功劳。

闻名世界的巴拿马草帽，系用名为“多基利亚”的草茎纤维编织而成的、带有黑条纹或花饰的边沿上翘的草帽。多基利亚草茎主产于东部邻国厄瓜多尔。但由于外国游客多见巴拿马人戴这种草帽，故习称为“巴拿马草帽”。

巴拿马草帽的最大特点，是具有柔软细腻的质感，摸起来像丝绸。若将其卷成斜三角形状的圆筒，收藏于精致

↑巴拿马草帽原产地为南美的厄瓜多尔，因其在巴拿马万国博览会展出而得名。图为厄瓜多尔昆卡老城印第安妇女正在编织草帽。（新华社记者梁君茜摄）

←炎炎烈日之下，巴拿马草帽是露天活动时必备的首选。（江雄铜摄）

帽盒中，戴时再打开仍不变形，且没有褶皱痕迹。

回国时，我也买了几顶巴拿马草帽带回送人。有感于它轻便柔软却不耷拉，且十分舒适，我本人现在已越来越习惯戴这种草帽了。

↑时任中国巴拿马贸易发展办事处代表、建交后曾任中国驻巴拿马大使馆临时代办的王卫华。

↑时任巴拿马中国贸易发展办事处代表、建交后曾任巴拿马驻中国大使馆临时代办的林锦珍。

13. 建交前中国巴拿马互设的非官方机构

中方于1996年在巴拿马设立中国巴拿马贸易发展办事处，办事处历任代表为居一杰、李永禄、杨发金、鲍鄂生、霍洪海和王卫华。

2017年6月13日中国与巴拿马签署建交文件后，原中国巴拿马贸易发展办事处代表王卫华任中国驻巴拿马大使馆临时代办。

中国驻巴拿马大使馆馆址：Edificio P.H. Global Plaza, Piso. 22, Calle 50, Ciudad de Panamá。电话：00507–2654058/61/62，传真：00507–2703185，电子邮箱：chinaemb_pa@mfa.gov.cn。

巴拿马于1996年在中国设立巴拿马中国贸易发展办事处，旨在处理两国在经济、文化、科技、行政等方面的事务。

两国建交后，截至巴拿马首任驻华大使上任之前，原任巴拿马中国贸易发展办事处代表的林锦珍女士任巴拿马驻中国大使馆临时代办，现任巴拿马驻中国大使馆经济商务参赞。巴拿马驻中国大使馆的官方邮箱为：embajadapanamachina@mire.gob.pa。

↑ 中国驻巴拿马大使馆门前的国徽和馆牌。

↑ 巴拿马驻中国大使馆门前的国徽和馆牌。

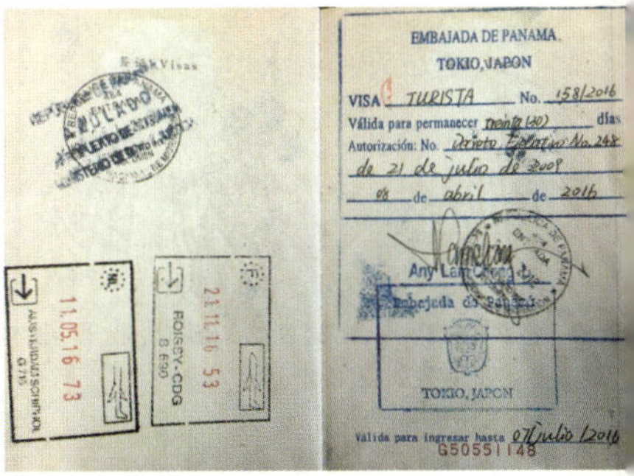

↑ 我在北京的巴拿马中国贸易发展办事处顺利办理了旅游类的入境签证，但签证地点却写着“日本，东京”。大约中巴两国尚未正式建交，这签证地点不便标明“北京”吧。

2016年年初，我在前往巴拿马之前，专程去北京的巴拿马中国贸易发展办事处，顺利办理了入境签证。但取回护照仔细端详，却发现签证章所标明的签证地点，居然是“日本，东京”。我猜想，大约是中巴两国尚未建交，这签证地点不能堂而皇之地标注为“北京”吧。

我有点意外。这可是自己25年间数十次办理赴各国签证的经历中，唯一碰到的稀罕事儿哦。■

二、看看它的国体特色与政治生态

敲黑板：该谈谈巴拿马的国体特色了！

今天的巴拿马共和国，政治体制拥有下列特征：

1. 这是一个视运河管辖权为生命的国家

1903年，巴美签订《运河条约》，美取得修建和经营运河的永久垄断权和运河区的永久占领和使用权。美国从1904年起恢复开凿运河，1914年完工。

巴拿马历届政府均把收复运河主权，作为对外政策的

↓陈列在巴拿马运河博物馆内的世界地图，清晰地标明巴拿马运河的重要地位。

巴拿马运河的百年船闸，一艘货轮正准备通过船闸。

↑ 巴拿马运河的百年船闸已经打开，左侧货轮即将通过。

↑2016年6月，巴拿马运河船闸扩建工程竣工典礼上，成千上万的巴拿马人欢欣鼓舞，热烈庆贺。

基本目标。

1977年9月巴美签署《新运河条约》(又称“托里霍斯—卡特条约”)，1979年10月1日新条约生效，有效期到1999年12月31日。新条约规定，巴拿马运河由两国官员组成的运河管理委员会管理，新条约期满后，由巴拿马承担运河的管理和防务。

1999年12月31日，巴拿马历经坎坷，终于收回对运河的主权。

2016年的6月26日，巴拿马政府在位于大西洋一侧的加通新船闸现场，隆重举行了巴拿马运河扩建工程竣工通航的典礼。

2. 这是一个总统不得连任的国家

巴拿马的现行宪法产生于1972年，其后历经1978年、1983年、1994年和2004年的四次修改。宪法规定，这个国

↓巴拿马总统府内的总统办公桌椅。

家三权分治，总统为国家元首，通过直接选举产生，任期5年，不得连任，但可隔届竞选。

3. 这是一个没有军队、只有警察的国家

1994年，巴拿马议会通过宪法修正案，取消军队，建立警察部队。

4. 这是一个实行“一院制”的国家

2004年，巴拿马议会再次修宪将国民议会更名为“国民大会”，并取消一个副总统职位。国民大会由71名议员组成，通过直选产生，任期5年，是巴拿马的国家最高权力机关，行使立法权。国民大会任命的本届政府于2014年7月1日组成，任期至2019年。

国会具备立法职能、司法职能和行政职能。

巴拿马国会的特点为，政党可以撤销其提名的议员和候补议员的代表资格。为此，必须履行下列要求和正式手续：撤销资格的理由及程序必须写在该党的党章上；理由必须提及对党章、党的政治思想或党纲的严重违反，并且

↑ 巴拿马的交通警察。

↓ 巴拿马国家历史博物馆内，护卫巴拿马国旗的警察蜡像。

在巴拿马总统府内驾驶警车的警察。

←↑ 巴拿马总统府内的警察。

↑巴拿马奇里基省一间路边迷你教堂。

在提名日期之前经由选举法庭作出的决定批准；议员或候补议员因严重罪行被判处剥夺自由5年或以上，也可成为撤销其资格的理由；当事人有权在党内申诉并在两级审讯中自我辩护；政党关于撤销代表资格的决定须经选举法庭审理，审理期间政党的这一决定不具有效力；各政党也可以撤销已经退出该党的议员或候补议员的代表资格（宪法第151条）。

5. 这是一个将原住民区与行政省并重的国家

巴拿马在全国划分了10个省，省下设县（市），县（市）下设区。引人注目的是，它还划有与省平行的5个原著居民区。这一行政体制有效地保障了土著原住民的合法权益。

↓巴拿马印第安人原住民生活状态。

6. 这是一个多党政治力量相互制约的国家

巴拿马拥有多个政党。现在的执政党是巴拿马主义党（Partido Panameñista）。

其他主要党派包括民主变革党（Partido Cambio Democrático）、民主革命党（Partido Revolucionario Democrático）、人民党（Partido Popular）、民族主义共和自由运动（Movimiento Liberal Republicano Nacionalista）。

↑ 1926年建于巴拿马城玻利瓦尔广场中央的纪念碑——“拉美解放者”西蒙·玻利瓦尔（1783—1830年），受到拉美人民、特别是巴拿马人民的高度敬仰。

7. 这是一个拥有“四大经济支柱”的国家

运河航运、金融服务、科隆自贸区和旅游业，是巴经济的四大支柱。近年来，巴经济保持较快增长。2016年，巴拿马的国内生产总值达374.7亿美元，人均国内生产总值达9534美元，国内生产总值增长率为4.9%。通货膨胀率0.2%，失业率4.8%。科隆自由贸易区，位于巴拿马运河大西洋入海口处，始建于1953年，有1550多家公司专事转口贸易，另有16家银行。是仅次于香港的世界第二大自由贸易区。

正在巴拿马运河装载货柜的工程吊车。

↑巴拿马共和国的货币巴波亚。

8. 这是一个美元至上，本币少人问津的国家

美元在巴拿马为强势流通的货币，而本国货币巴波亚（Panamanian Balboa）则成为辅币。我在巴拿马期间几乎全部在使用美元，巴波亚很少有人问津。我费力地收集了几枚巴波亚，只为带回国作为纪念而已。

9. 这是一个外贸历年巨额逆差的国家

巴拿马2016年的出口额仅99.53亿美元（包括科隆自贸区出口的93.17亿美元），但进口额却有205.62亿美元（包括科隆自贸区进口的88.72亿美元）。它的主要出口产品为金枪鱼、虾、鱼粉、咖啡、香蕉等，主要出口对象为美国、荷兰、哥斯达黎加、中国等。主要进口

↓远洋轮缓缓通过巴拿马运河……

石油产品、汽车、机电产品、药品和食品等，进口主要来自美国、科隆自由贸易区、中国、日本、哥斯达黎加等地。

↑矗立在巴拿马总统府，象征独立、中立、不结盟政策的雕像。

10. 这是一个奉行中立、不结盟外交政策的国家

巴拿马现阶段的对外政策是维护国家的主权与独立，维护民主；保持运河的中立性；开展有利于国家发展的国际合作，重视与美国、中国、欧盟、日本、俄罗斯、印度等大国发展关系；广泛吸引外资，通过商签自由贸易协定扩大出口。在国际事务中，巴拿马主张和平共处，尊重人权和可持续发展，通过多边主义化解国际冲突，主张依靠联合国的作用化解地区冲突。

11. 这是一个为几乎所有国际组织接受的国家

巴拿马是联合国、世贸组织、国际货币基金组织、世界银行、世界卫生组织、77国集团、不结盟运动、拉美和加勒比国家共同体、美洲国家组织、拉美经济体系、中美洲一体化组织等重要国际和地区组织的成员国，中美洲共同市场的准成员国，也是太平洋联盟的候选成员国。■

←巴拿马总统府金色大厅中央穹窿壁画，象征着国家奉行中立、不结盟与和平的外交政策。

85% 的巴拿马人信奉天主教，
位于各地的天主教堂肃穆典雅。

三、“避税天堂”亦贬亦褒，名缘何来？

提到巴拿马，有人会说，这里是世界有名的“避税天堂”；甚至有人称巴拿马是“避税天堂”国家中的“中流砥柱”。长期以来，针对巴拿马的金融系统允许洗钱、欺诈和国际避税的指责，在国际上一直不绝于耳。

获此“恶名”，皆因巴拿马政府出台了一系列保护企业及个人金融隐私的法律，公司股东的姓名甚至都不必进行公开注册。这些保密法规十分严格，如有违法将面临严重的民事及刑事处罚。

巴拿马还推出了十分严格的银行业隐私法规，规定金融机构禁止提供有关离岸银行账户或账户所有人的信息。唯一的例外是涉及调查恐怖主义、贩毒或其他重罪（不包括逃税）的特定法令。

另外，巴拿马并未和其他国家签订税收条款，这是对外国投资人的又一层额外保护，同时，也没有汇兑控制，所以对转入或转出该国的款项并没有上限或汇报要求。

进行合法税收规避，事实上早已是一项全球性的业务。然而，隐私保护，就像硬币的两面，亦福亦祸。

全球多个国家的避税天堂，总是使出浑身解数来为客户提供各种服务和隐私保护。但规避国家的税收，是令各国政府都为之头疼，也是严格管控的事情。

2013年，美国康奈尔大学出版社出版的《避税天堂：全球化如何运作》（*Tax Havens: How Globalizaiton Really Works*）一书，指出单个的“避税天堂”的影响似乎

并不显著，但从整体看，它们对全球经济的负面影响相当巨大，“因为它不仅是全球金融不稳定性的主要诱因，更是我们现在这个时代的一个重大政治问题”。

该书说，全球的“避税天堂”已经隐匿了13万亿美元的个人财富，相当于美国一年的国民生产总值。这些避税天堂也是全球200万家企业实体和半数国际借贷银行的合法所在地。

据挪威税收中心2013年发布的一份研究调查称，巴拿马作为避税天堂，其历史可以追溯到1919年。当时该国实施外国船只注册制度，以帮助美国石油巨头标准石油公司（Standard Oil）规避美国本土税收。在标准石油公司的带头下，其他美国船只所有者纷纷效仿，其中有些人是为了寻求规避美国法律体系要求的较高工资和较好工作条件。

20世纪70年代，随着石油价格的飙升，这里的离岸金融业务“野蛮生长”。研究者说，“华尔街的利益驱使巴拿马推出了极为松懈的公司法，只要回答很少的几个问题，任何人都可以开设不缴税的匿名公司”。到1982年，受到巴拿马运河及其自由贸易区所蕴含机会的吸引，已经有一百多家国际银行在巴拿马城开设了办公室。

避税天堂对全球经济和政治造成的影响已经引起国际各方关注。

2014年5月，国际经济合作与发展组织宣布，47个国家和地区签署了“同意银行间自动共享与税务相关的海外账户”的协议。就连列支敦士登、开曼群岛等传统“避税天堂”也加入其中。但是，巴拿马却依然故我，坚持担当避税天堂中的“中流砥柱”。

专攻税收方向的律师摩安（Jolyon Maugham）向英国媒体一语道出“避税天堂”的实质：“不存在所谓‘好的避税天堂’这样的东西。这些避税天堂对全球经济没有任何意义……这就是一个隐藏资产的丑陋地方！”

以上几组文字，为你勾勒出巴拿马的基本草图。

小伙伴们，感兴趣吗？■

巴拿马城璀璨的夜景。

第二章

来逛逛首都巴拿马城吧

一、古、老、新三种风貌并列的世界名城

巴拿马城，是一座集古、老、新三座城区于一体的、风貌混搭但却十分和谐并耐人寻味的世界名城。

目前超过半数的巴拿马国民居住于这座首都城市。巴拿马全国三大经济支撑体系的航运业、加工业和金融服务业也汇聚于此。今天的巴拿马城，不仅是全国政治、经济和文化的中心，也是美洲地区国际化程度最高的首都城市之一。

↓ 位于老城与新城交界处的一座天主教堂。

说它城区古老，是因为巴拿马古城始建于1519年。这里原是印第安人的渔村。当时的西班牙殖民者以“渔夫”的印第安语发音为依据，将这座城命名为“巴拿马”。

可惜在1671年，它被英国海盗亨利·摩根洗劫后又被付之一炬，古城化为灰烬，现在仅遗下为数不多的建筑残骸。

3年后的1674年，遭遇空前劫难的巴拿马人，不得不在城西8公里处另外辟建新城——这就是现在称为的老城。这里倚山临海，风景优美。1903年，巴拿马独立后，这里便被确立为巴拿马共和国的首都。1914年巴拿马运河的建成开通，使这座老城更加焕发出活力与青春，城市功能也迅速发展和扩充。

由于老城区部分建筑历史悠久，且具百年前典型的西班牙建筑风格，因此这片区域被联合国教科文组织列入世界文化遗产名录。

巴拿马城的新城区，则是兴建于古城和老城之间的一片簇新的区域。目前，数以百计的外国银行、金融业、现代服务业和航运机构设立于此。

从老城隔着海湾远眺，即可见新城的风貌——现代化高楼鳞次栉比，一座高过一座的摩天新楼，排排簇簇，参差错落，造型非常前卫，色彩尤为壮观。特别是那幢螺旋状伸向天际的高楼，多年来一直是巴拿马城的不二地标象征。

我尤其喜爱在夜景中欣赏巴拿马新城。

只见那倒映水影的不夜之城，其光影璀璨辉煌，神秘莫测，深邃迷人，美不胜收，叹为观止。

在国家旅游部热心的安排下，我于临别前夜得以登上毗邻巴拿马总统官邸楼宇的海滨国际酒店的顶层楼台，迎着凉爽的海风，兴趣浓郁地拍摄着夜幕中的巴拿马城新城夜景，从而获得对这座新城无穷魅力的独特感受。

至今我仍清晰地记得，海滨大道的滚滚车流，如同耀眼的金色流萤，一股股一道道地连线而过；而高低错落的现代楼宇，则在威严的夜幕中闪烁着宁馨的光芒……

准备好了吗？

就请您随我去巴拿马城走一走吧。■

站在老城区远眺新城区。

巴拿马城新、老城区的交会处。

二、古城遗址，或有中华古文明基因？

巴拿马城的古城遗址，是到访巴拿马城的外国游客的必去之地。遗址里的钟楼遗址，是巴拿马被列入联合国教科文组织的世界文化遗产名录的重要文物。

这座古城遗址，距新城不到一公里，位于海滨一处港湾地段。老远，我就看见灰黑色的滩涂，刚刚退潮的水渍反射着白喇喇的天光。数以万计的灰色鸥鸟，密密麻麻地正在滩涂上觅食。那阵势，仿佛一大片浮游移动的生灵，在为滩涂铺陈新装。

我蹑足靠近准备拍照。唯恐水鸟受惊纷飞，我的动作

↓ 巴拿马儿童正在参观博物馆。

巴拿马城古城博物馆的露天文物——古城遗迹。

十分轻慢。但见这些鸟儿齐齐抬头看了看我，竟然丝毫不受惊扰、一副“老司机”的样子埋头啄食，相机的啪啪声与鸟儿的抢食声形成有趣互动。

我继续向遗址深处走去。

天很蓝，太阳很大，游人很少。四处足够空旷和寂寥，只有空气中弥漫着热辣辣的气息。

矗立眼前的是一幢幢褐黑颜色、大小不一、但依稀猜得出当年的宏伟架势、如今已被毁得面目全非的废墟。

原来，1501年，巴拿马沦为西班牙殖民地。1519年，西班牙殖民者佩德罗·阿里亚斯·德阿维拉总督，受西班牙皇后伊丽莎白的派遣，前来这里动工兴建第一座

巴拿马的这些历史久远的石柱，不知与智利复活节岛上的巨型人状石柱有无渊源。

巴拿马城古城博物馆。

古城博物馆广场上的这尊雕像，是1519年来此兴建城郭的佩德罗·阿里亚斯·德阿维拉总督。他被视为巴拿马古城之父。

城市。博物馆的讲解员告诉我，出生于西班牙的贵族德阿维拉总督，年届70高龄方来巴拿马履职。直至他90岁离世时，这座城市已被建设得粗具规模。

这座巴拿马古城，位居大西洋的加勒比海湾。优渥的地理位置，使这座城市成为西班牙殖民者的贸易中心，也成为海盗觊觎并劫掠过往商船，特别是从秘鲁等国驶来的载有大量金银财宝商船的绝佳之地。恰是这一特殊的地理位置，更为它带来毁灭性的杀身之祸。

1671年1月18日，这是一个黑色的日子。

英国海盗亨利·摩根攻城略地，残暴地将巴拿马城抢劫一空并焚烧殆尽。现在留下的一幢幢褐黑色的城池遗迹，仿佛是无声的证人，正在控诉当年强盗的恶行，在荡荡西风中述说着这座古城的渊源历史。

我从遗址博物馆讲解员那里获知，就在古城区，还有一处名为“黄金教堂”的古建筑，是1675年建成的国宝级文物宝库，其名堪与古城媲美。

那座黄金教堂里的神龛，真的是用昂贵的黄金制成。当得悉牙买加海盗将要来此抢劫的消息后，巴拿马人急忙将整个神龛涂成了黑色，并将教堂更名为“黑色教堂”。海盗来后，见神龛一片漆黑，认为不吉利，便放弃了对其的抢掠。这个教堂由此幸免于难。为了长期保存黄金雕像，这座教堂内的神龛至今依然保持着黑色。

在古城遗址，依稀可辨始建于1673年的圣弗朗西斯科修道院，以及耶稣·孔帕尼亚·梅塞德大教堂、圣何塞大教堂、圣胡安·德迪奥斯医院。还勉强能见到皇宫、马塔德诺和雷伊桥的形状。

我两次来到古城遗址，每次都进入遗址博物馆仔细研究它的历史陈列，对陈列的文物进行拍照并作详尽的文字记录。

这座博物馆里，陈列着史前直至殖民时期的出土文物，如各种金属、陶器的残片。其中复原陈列的16世纪古城模型，比较有形有状。我所记录的重要文物，包括凿刻于1400—1492年间、用于陈列遗体供人瞻仰的石质祭坛；1519—1539年间装饰教堂内壁的马赛克饰画残片；1649年居

↑ 作者正在拍摄巴拿马城古城博物馆的露天古城遗迹。（林圣融摄）

↓ 作者正在古城博物馆采访。（林圣融摄）

↑巴拿马城古城博物馆收藏的斗笠泥偶，其斗笠被考古专家认为受中国民间流行的斗笠造型的影响。

民逃离老城时带走的古城石砖，以及石质塔基等珍贵文物。

令我印象颇深的，是从火山灰下发掘出来的土著人遗留的陶罐。这些陶罐均为印第安人常用器皿，大多呈圆口并三足高脚，很便于盛物烧煮。这些陶罐的外壁，均绘有鱼、蝴蝶等图案。它们对于研究早期巴拿马印第安人的人文史，具有重要的研究价值。

在陈列物中，我突然发现一件泥塑雕像头戴的帽子，造型颇似中国的斗笠。

“这与中国古代文明有关联吗？”我询问担任讲解的志愿者，他是来自巴拿马大学历史系的教授。

教授回答：“这种状似中国斗笠的帽子，在巴拿马被称为巴利雷斯（Barriles）。它是1948年从巴拿马的火山灰覆盖层里挖掘出来的。”教授接着说，“尽管这件文物目前还没有文献明确记载它的出处，但我认为它或许拥有中华古文明的基因。”

“古城遗址的文物中，有无与中国相关的器物？”

“还真有！”

教授面带欣喜地答道，边说边带我走到一处橱窗前，指着一只青花瓷碗：“这只由西班牙人1500年从菲律宾带到巴拿马来的瓷碗，就是中国的瓷器。碗底文字清晰地标明，它来自于中国！”■

→巴拿马城古城博物馆藏有来自中国明清时期的青花瓷器。

8

←巴拿马的崇山峻岭中，古老吊桥依然作为日常交通设施。

三、巍巍老城区，浓浓古风情

所谓老城区，即1673年巴拿马居民为躲避海盗焚毁的战火，放弃不便防御的原址，选了大约8公里开外的一处半岛，并为了防止海盗再次来犯，而在城区沿海岸线加修了城墙，这就是如今的巴拿马老城，也被巴拿马人称为殖民区。这一新的居住地，经过重新建设并历经无数磨难，逐渐变为成熟和繁华的老城区。

老城区始建于1673年，现为巴拿马城的圣费利佩行政区。17世纪时，这里曾遭遇3次大的火灾，古老建筑已不多见。尽管如此，源自18世纪，具有法国、美国、意

↓ 巴拿马城的老城区，生活气息极为浓郁。

大利、西班牙等诸多国家风格的老旧建筑，装有铁栏杆的巴洛克式阳台等，依然散发着欧美殖民文化的气息。沿街开辟的咖啡馆和餐厅，将老城烘托成风格独特的温馨憩园。

↑巴拿马城的老城区，生活气息极为浓郁。

1997年，联合国教科文组织将这片老城区列入世界文化遗产名录。自此以后，老城受到很多的保护。

5月的巴拿马，正值旱雨季之交，一种黄色的花竞相绽放。当地朋友告诉我，这种黄花大树宛若一把硕大无朋的大伞，也是雨季来临的信号。它一旦展开，几欲要把整个城市都笼罩在自己伞下。

黄花之树，遂成为巴拿马城一道独特亮丽的景观。

巴拿马城的老城，节奏缓慢，街道狭窄，殖民时期的建筑多带有浓郁的西班牙风格，运河时代的则多为法式、美式建筑。总统府及其他重要政府机关、主要文化设施和商场都位于老城。

老城和古城之间是新城，高楼大厦鳞次栉比，繁华快节奏却并不拥挤喧闹，泛美公路穿城而过，中央大街为全城最宽阔最繁华的街道。

在我的眼前，沿街伫立着一幢幢空心老楼，即只有外墙，内囊全都拆空的那种，一看即知是当地政府旨在重建老城，整旧如旧。

↓每当巴拿马满树黄花盛开，就是秋天收获季节来临了。

不少来自西方发达国家的工程设计施工部门，正按照联合国教科文组织批准的规划，将拥有历史意义的老建筑的陈旧内部结构全都拆除，同时小心翼翼地保留着这些楼宇特色独具的外墙立面。翻修改建工程正在这里如火如荼地开展。

我设想，就在不久的将来，或许是我再次来巴拿马之时，这里的一幢又一幢老楼，将依旧保持当初的古旧模样，但内部结构会非常现代化。这样的时髦古旧建筑，势必呼之欲出。

历数这些散落在老城区的著名楼宇和街道，主要有位于五月五日广场附近的雷纳托雷斯·阿劳斯博物馆、保留着有轨电车轨道的旧城步行街、唐人街人和会馆二楼的关帝宝殿（其凝重的中国古老传统风格，在国内绝对罕见）、

巴拿马城的老城被列入世界文化遗产名录。这是正待修葺的古老教堂遗址。

↑巴拿马城老城区被列入世界文化遗产名录。图为玻利瓦尔雕像。

旧城区中央的巴拿马内政部、巴拿马运河纪念馆、濒临海滨的法兰西广场、巴拿马国家博物馆，更有多座美洲与西班牙风格混搭的大教堂……

老城区的中心是独立广场，广场周围有双塔高耸的天主教堂，有法国人建造运河时的指挥总部等。每逢国家独立日，万众拥向这里举行庆祝活动。

靠海滨的白色古建筑，是巴拿马共和国的总统府。

这里原是西班牙殖民时代的总督住宅，因常有苍鹭伫立在门前喷泉周围，故有“苍鹭宫”之称。巴拿马独立并赶走西班牙殖民者后，这里便被当作共和国的总统府。首任总统居然承袭了原总督住宅饲养苍鹭的传统，改为饲养亚洲禽鸟白鹤，因而总统府别名为“白鹤楼”。此习俗一直延续至今，本书有专文介绍。

法兰西广场（French Plaza）位于老城的中心，是一座半圆形的、从上层到底座均可盘旋上下参观的古老建筑。广场中央，醒目地矗立着纪念碑和方形尖塔，旨在纪念为建设运河而捐躯的法国人。

我仔细观赏着这些百年建筑，时间使一些水泥业已剥落，锈蚀的钢筋露将出来。历史的沧桑感毕现无疑。

↑巴拿马城的老城区，生活气息极为浓郁。

法兰西广场周边还有许多殖民时代的建筑物，这些建筑物是当时为抵御海贼来袭，沿着加勒比海沿岸而建的，是城壁的一部分。广场不远处即是殖民时代建筑，现为巴拿马国家司法大厦（一说法院）。它的附近是一家艺术学院，学院大厅的前后陈列着少量的绘画和雕塑作品。见我伸头探脑地几欲打量，守门老人和善礼貌地邀请我入内参观，我遂得以拍摄了几幅照片。

徜徉老城区，石块铺砌的地面，还留有昔日两道长长的钢轨。那钢轨呈褐红铁锈色，虽然光亮不再，但历史感超强。那是早年殖民者时代有轨电车的遗迹。其实，我倒认为，巴拿马城不妨继续开通有轨电车，这种交通工具既节约能源，又有助于保护环境。现在西方国家流行的电力机车，省却了昔日车顶必备的两条电线，或可作为这座古城的交通缀饰之物？

老城街区上，常有各式小贩行走推销小产品。这些小

巴拿马老城区的法兰西广场。纪念柱顶站立着法国的“高卢公鸡”。

巴拿马老城区的法兰西广场，墙面镌刻着法国人为兴建巴拿马运河作出贡献的文字。

↑巴拿马城的老城区，生活气息极为浓郁。

贩通常为黑人，他们或用头顶着货篮，或肩背货箱，边走边吆喝，很有民俗风情的感觉。陪同我的侨领们，时而会停下脚步，掏钱买上一两件小吃或小饰品送我。我很感激这些华人朋友的殷殷好意。

我特别喜爱逛老城区的街边货摊群。那里有卖蔬菜水果的，有卖衣帽鞋袜的，有卖彩票的，还有卖香烟的。摊主们纯朴善良，见到我注视着他们或举起手机拍照时，总是面含微笑，热情招呼，自然流露出真诚、友善和愉快的表情。

这些路边摊，往往会把狭窄的人行道堵得个水泄不通，逼得行人必须紧贴他们的货摊行走，或许这正是为了让路人更顺手选购一些小商品？在我的各国行走印象中，或许只有牙买加的西班牙城老城区，才能与之比肩。若从“占道经营”的角度看，这里的老城街区确实有些“脏、乱、差”，但是，不正是这种充满世俗人情味道的质朴景观，才能真正展示巴拿马社会的原生态景观，让我有足够的兴趣拍照和观察吗？■

从空中鸟瞰巴拿马城老城区
的海滨，风光旖旎。

巴拿马城老城区的房屋普遍比较矮小简陋，与不远处新兴的高楼大厦新城区比邻而居。

四、老城区的“芳邻”——拱形美洲大铁桥

↑ 姿态优美的拱形美洲大铁桥。

与老城区相毗邻的，还有一位“芳邻”不能不提，那就是著名的巴拿马运河美洲大铁桥。

它是连接北南两大美洲的历史性大桥，就像一条横跨天际的五彩霓虹，因此也被称作“美洲大桥”。

以姿态优美的拱形弧线，从巴拿马运河太平洋入口一侧，一举横跨至河对岸巴尔博亚的美洲大铁桥，于1959—1962年由美国出资2000万美元建造而成。

我乘车多次在这座宏伟大桥的桥面驶过，我也乘坐快艇从桥下水面弋穿而行。每每晨曦初照或夕晖衬映，这座大桥那矫健优雅的造型，便会以或紫红或淡灰的色泽，将

姿态优美的拱形美洲大铁桥。

巴拿马城渲染得迷蒙温馨，诗意盎然。

这座桁架拱桥设计的大铁桥，全长1654米，连续14孔；主孔跨径344米。大桥最高点距离海平面117米;主孔高潮位时通航净空为61.3米。大桥两头有较宽的引桥，桥面两侧有人行道。它一直是泛美公路的一个关键部分，也是跨越巴拿马运河唯一一座固定桥梁。

美洲大铁桥，一边便是运河闸口蜿蜒而出的著名“蛇湾”，那是一条狭长纤细、状如长蛇的河道；桥的另一边，则与满是鳄鱼的加登湖相衔。

这座令人印象深刻的美洲大桥，自竣工的那一天起直至今日，不知道俯瞰过多少来自世界各国的各色轮船，当每一艘船都无一例外地安安静静、匍匐身姿地从它的身躯之下缓缓膜拜驶过时，铁桥如有思想，绝对会非常骄傲和欣慰。

有一位中国海轮的大副曾经这样回忆道：

运河口处有一座拱形大铁桥，连接着运河左右两岸的陆地，像是运河的大门口。眼见离大拱桥越来越近了。在我轮右舷一侧不远处是一道伸向大海的长堤，长堤那边便是巴拿马海湾，海湾尽头隐约显现的那一大片鳞次栉比的楼群建筑就是巴拿马的首都——巴拿马城。

大铁桥虽然是拱形的，但上面行车的路桥却是笔直的，像弓箭上的弦一样横在铁桥的“月门”下。忽然我有些担心它的行车桥面不够高度。这时我轮驶入大桥下，抬眼望去，压过来的桥面几乎要与我轮驾驶台上的雷达天线相撞。就在大桥掠过后甲板的一瞬间，我赶紧举起相机，从大桥垂直海面的角度拍下了它横跨入口两岸的雄姿……■

姿态优美的拱形美洲大铁桥。

巴拿马依科突瑞斯姆大峡谷。

五、新城区市容反差大

一边是簇新高耸、威武峻拔的现代楼宇，在阳光下正竞相比高，熠熠闪光。这些建筑都是世界赫赫有名的大银行、大金融保险业的办公大楼。行人随时举头，便可与名闻遐迩的各色著名LOGO碰个正着。

另一边却是坑坑洼洼的公共路面，有些地面积满污水，特别是路边电线杆上缠满密密麻麻数不清的黑色电线，那电线绕成纷乱的乱圈，其毫无头绪，叫人一望即晕！

这是我对巴拿马城新城区最为纠结的初始印象。

↓巴拿马城部分地区市容滞后。

↑巴拿马新城区簇新的建筑鳞次栉比。

眼前，地平线以上的风光辉煌璀璨，举世瞩目的国际金融中心建筑沿着海湾排成矩阵，威武雄壮；而地平线以下，却令人惊异地出现各种无序。

远观新城区，时髦的楼宇一幢高过一幢，其重重叠叠，参差错落，鳞次栉比，绵延无边，正可着劲儿渲染着这座中美洲金融名城的富贵与辉煌。

然而，每座伟岸楼宇大门外的台阶下方，也就是这座城市的马路和人行道，还有各种市政设施，其紧围摩天大楼，如影随形地缠绕共存，相伴相生。

就巴拿马城新城建筑说几句观感——

由于所有名楼都由各国最具实力的资金方建造，各方便在建筑的造型和质量上各逞风流。

就我目力所及，尽管不少高楼依然保持着稳健、端庄、厚实的传统风格，但由于样式越怪异的房子越容易为人所记忆，因而大批新奇特的建筑争相矗立，怪异独特造型者

↑ 蜘蛛网般密集的电线在新城区街头纵横交错。

巴拿马城新城区的高度现代感。

↑ 巴拿马城部分地区市容滞后。

更是占尽风流，弄得这里像是全球奇葩建筑的集聚地似的。

若有兴趣解构这座钢筋水泥城，你只需发挥疯狂的想象力，便可轻而易举地找到最为夸张和最为典雅的建筑样式。

这里的建筑群落还给我一种印象，就是建筑风格的单打独斗。在整体上，建筑群落似乎缺乏内在的统一性与协调性。每幢单独的楼宇在风格上似乎竭力地自我封闭，好像尽力要与周边的风格相隔绝和撇清似的。偌大之楼群缺乏和谐统一的性格特征，不像在华尔街或曼哈顿上的楼宇，虽然也是造型各异，但聚集一起时，特别是隔着哈德逊河眺望城际线时，是片浑然天成的景象。

当然，巴拿马城的新城区也不乏设施现代、环境洁净的街区。只是这些街区集中在最为核心的区域，即全被置

放于首都的中央位置，因而具有对外展示的刻意痕迹。

例如著名的海滨大道，它蜿蜒铺陈于海滨的弧线边际，不仅有褐红色的国际标准绿道，更有修剪精致的绿化带和精美雕塑。如若登高鸟瞰，这条大道无论白天还是夜晚都美妙绝伦——一侧是湛蓝的海水，一侧是整齐竖立的高楼，中间是滚滚车流。

我有时会斜倚绿道灌木丛边的木椅小憩片刻。远处哗哗的海浪声，节奏感十足；能这样静下心来地默默地欣赏着每一个过往行人，观赏间有长跑者掠过的矫健身姿，实为惬意。

只是来这里的市民很少，老百姓们是不愿把忙碌的脚步伸向海滨的，而是聚集在热闹非凡的主城区。

不过，开设于巴拿马新城众多现代化国际酒店的经营

↑巴拿马城部分地区市容滞后。

水平，其整体是与发达国家同步并接轨的。这显然与巴拿马注重旅游产业开发、严把酒店质量关息息相关。

在五星级乃至超五星的高级酒店，以及在众多不同档次的酒店，尽管设施等硬件有着各种差异，但普遍的服务均较符合国际化酒店标准。即便在廉价的经济型酒店，基本的酒店设施也一应俱全。我回忆自己曾经住过的档次各异的酒店，感受没有碰到什么窝心之事，因此心仪这里酒店文化的软实力。

这天晚上，刚入住新城一家五星级酒店的我，正欲返回客房，却见大堂经理女士和几名工作人员正焦急地注视着我，好像有什么事等着要找我似的。只见经理和颜悦色地轻声发问："先生，您房间的保险箱内，留有前任房客遗忘的物品。您能允许我们随您一起进房间去取回吗？"

我一愣，连忙回答："当然可以！"

于是，我和大家一起乘电梯上楼并进入房间。

工作人员打开保险箱，果然取出前任房客的护照和钱包等物。离去时，经理再三道歉："打扰您了。"

我忽然明白，正因我已入住房间了，酒店人员明知房间保险箱里遗有前任房客物品，但他们仍等待获得我的同意与监督后，才得以进房间领取，尽管他们实际上也有这间房的门卡和保险箱钥匙。如此坚守对客人高度尊重的酒店职业操守，令我印象深刻。

还有一次，我所入住的一家三星级酒店的房间突然没有WI–FI信号，于是打电话向前台求助。大堂经理立即上楼敲门并轻声地向我道歉。很快，信号恢复。■

巴拿马新城区簇新的建筑鳞次栉比，夜景尤其迷人。

六、巴拿马城的几家博物馆

1. 巴拿马城市博物馆，小巧不乏玲珑

在老城区一处不太起眼的街区拐角处，坐落着这个国家赫赫有名的国家级博物馆——巴拿马城市博物馆。我也是偶尔走到它的门边，发现是一家博物馆，于是步入其间，才知其内的精彩之甚。

↓城市历史博物馆前厅象征巴拿马城的海神玉石雕塑。

这座城市博物馆，坐落在一幢原本当属私人住宅的建筑内，格局比较狭小和拥塞，内容也仅限于对巴拿马城的城市沿革及发展的展示与研究。但是，它的藏品具有权威的史料价值和研究意义。

↑城市历史博物馆内陈列着中国明清时代的瓷瓶。

首先，我想指出的，是这个博物馆陈列着不少来自中国明清时期的陶瓷器皿。

这些器皿全部是由百年前被西班牙殖民者从中国沿海地区掠夺劳工而“卖猪仔”的中国劳工，从国内随身带来巴拿马的。在它们精美的彩釉背后，沾满中国劳工的斑斑血泪，更是中国劳工为开拓美洲而奉献终生的物证和写照。

这家博物馆通过不少实物和图片，展示着从土著印第安人时代至当代的国家历史文化遗存。

↑巴拿马城的城市历史博物馆。

对祖祖辈辈生活在巴拿马这片土地上的印第安人，博物馆是通过服饰予以介绍的。馆里展示了六大印第安人部落的不同生活形态，其前四大部落为主流。它们分别是Gnabe-Bugle部落、Gunas部落、Nasos部落，以及Embera—Wounan部落，他们的服饰各有不同，不仅色彩图案各异，衣服的功能也有微妙区分。

我在馆内，看到了诞生于巴拿马共和国的第一面国旗。经历久远的时光洗礼，这面依然庄重的旗帜，已显陈旧斑驳。旗帜的设计者被塑有雕像，他就是1904年出生、首任巴拿马共和国总统的曼努埃尔·阿马多尔·格雷罗（Manvel Amador Guerrero）。他与儿子曼努埃尔·E. 阿马多尔（Manvel E. Amador）共同设计了这面伟大的旗帜。

巴拿马国徽和它的设计者尼卡诺尔·威亚纳斯（Nicanor Villaaz），在馆内有重点陈列。中厅循环播放对尼卡诺尔·威亚纳斯女儿卡门·威亚纳斯的采访录像。她声情并茂地讲述回忆自己的爸爸精心绘制国徽的过程。

博物馆内也辟有专柜，陈列着1913年来自中国广东省的一家中国企业在巴拿马开展国际贸易的营业执照。这家企业从事的是中巴两国之间的进出口贸易活动。这可谓是对中巴两国最早贸易交往的历史性记载。

我还看到陈列品复原了在巴拿马开店的第一家中国家庭小杂货店的小景。该店1933年开设于巴拿马城，该店的

陈列在城市历史博物馆内的巴拿马共和国第一任总统曼努埃尔·阿马多尔·格雷罗的油画肖像。

营业执照也被陈列其间。

有一组模型十分醒目，那是几名年轻人正在翻越美军基地铁丝网。主题是为纪念著名的“国旗事件”。

1964年1月9日，一名巴拿马青年学生勇敢地携带国旗进入运河区并升起国旗，却被美国驻军开枪打死。为了维护国家主权和民族尊严，三万多人闯进运河区，坚决要求在运河区升起巴拿马国旗。多名青年学生更是手持国旗，高呼反美口号，纷纷攀爬并翻越铁丝网，试图进入美军营区。美军对闯入的示威者进行血腥镇压，两天内打死打伤四百多名巴拿马人……

就在这里，醒目地陈列着后来被美国人抓走的巴拿马国家领导人曼努埃尔·诺列加的照片。

至今，巴拿马人没有忘记自己为夺回国家主权所付出的艰辛与代价。

↓城市历史博物馆的展厅。

整个博物馆小巧精致，但给人空间狭窄、光线晦暗的感觉。而且整个参观期间观众仅我一人。我走到哪里，工作人员会临时为我开灯。我认为这不仅只是为了省电，更可能是为减少光照对文物的损害。

2. 83岁诺列加，孑然身影博物馆

2017年5月30日晚，就在本书脱稿之际，我从凤凰卫视的晚间新闻获知："诺列加去世了。"

当晚，世界各大网站也争相报道这一信息。

诺列加何许人也？

他的去世，为何成为全球关注的新闻？

据巴拿马TVN电视台报道，巴拿马时间2017年5月29日，巴拿马总统巴雷拉在推特上宣布：该国前总统、传奇人物曼努埃尔·诺列加因病过世，享年83岁。

我的眼前，立即浮现出一幅"囚照"——那是我在巴拿马城市博物馆目睹的那幅极其著名的照片：诺列加神情委顿地站立于监狱身高标尺前，将写有自己姓名的纸片持在胸前。

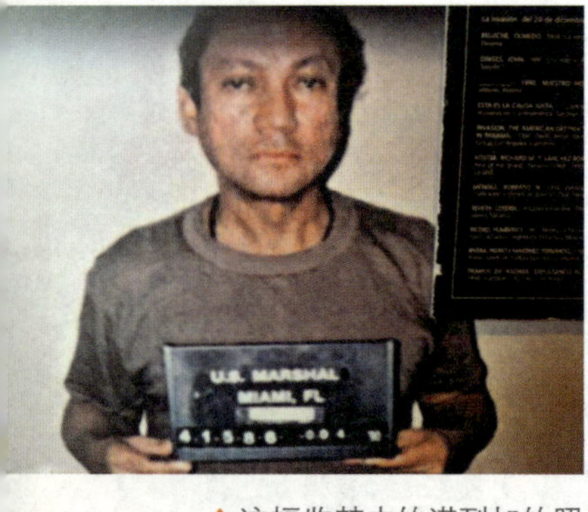

↑ 这幅监禁中的诺列加的照片传遍全球。

这幅照片流传整个世界，我在欧洲多个政治性博物馆都有过一睹。

照片中的诺列加，矮小瘦弱，表情冷漠而忧伤。我实在无法将照片上的这个人，与曾在巴拿马叱咤风云的那位骁勇将军加以对应和重叠。

巴拿马TVN电视台在报道他的死讯时，用备极哀荣的口吻说，诺列加是巴拿马的传奇人物！

曼努埃尔·诺列加，巴拿马前任总统。他早年在秘鲁首都利马的一所军校学习，后加入巴拿马国民警卫队并服役22年。1968年，他支持青年军官托里霍斯政变并推翻当时的政府，后升任情报局长。

1983年，诺列加出任巴拿马国防军总司令，成为巴拿马国家实权人物。其间，他对内制定军事组织法，对外则与美国全面抗争，要求美国按巴美条约于1999年年底前将美军撤走，恢复巴拿马在运河区的全部主权。因此，他也

被视为维护巴拿马国家主权的民族英雄。

虽然早在20世纪60年代，诺列加就与美国中央情报局（CIA）保持密切联系，并持续至1987年。但由于他强烈主张从美国手中夺回巴拿马运河主权，令美国非常不悦并恼羞成怒。

↑担任巴拿马最高军事指挥官时期的曼努埃尔·诺列加。1989年12月20日，美国总统乔治·布什下令美军入侵巴拿马并抓走了诺列加。

西班牙《国家报》2017年5月30日载文称，对诺列加已恨之入骨的美国，早在1988年就开始指控诺列加犯有“贩毒罪”。1989年，美国开始对巴拿马采取军事行动，美军特种部队直接开进巴拿马城对诺列加进行抓捕。1990年，终于不敌美国的诺列加，只好向美军投降并被逮捕，随后被带到美国的迈阿密受审。

1992年，美国法院以走私毒品和敲诈勒索罪判处诺列加40年监禁，后减刑至17年。

2007年，诺列加出狱。

2010年被引渡至法国，接受洗钱罪的审判。

关于对他的引渡，西方媒体曾经这样描写：

诺列加在美国坐牢时，法国一家法院1999年7月以缺席审判的方式，判处诺列加10年徒刑，罪名是洗钱。法国方面称，诺列加通过法国银行洗钱约300万美元，这些钱同贩毒活动有关，其中一部分被诺列加用来在巴黎购买豪华公寓……

2010年4月26日下午5点46分，美国将巴拿马政府前总统、国防军前总司令诺列加从美监狱引渡到法国。今年76岁的诺列加由美国一手栽培，在1983至1989年期间任巴拿马总统，曾做过美国中情局的“线人”，后因反抗美国霸占巴拿马运河被视为英雄，也因此被美国抓捕。

1989年12月20日，美国出动2.5万名海军陆战队员入侵巴拿马——为逮捕一个人而不惜发动一场战争，这在现代国际社会实属罕见。

2011年，法国批准把诺列加引渡回巴拿马，诺列加从此一直被关押在巴拿马国家监狱。

2017年5月，诺列加在巴拿马国家监狱去世。

虽然诺列加被一些西方国家视为罪犯，但在巴拿马，依然有不少人奉他为民族英雄。这家城市博物馆，就一直陈列着对这位前国家领导人抗争美国的史实展览。

这些以图片和文字为载体的诺列加生平介绍，对美国悍然入侵巴拿马逮捕诺列加的行径予以谴责。其展示的主题与方式，均具有鲜明的民族主义政治立场。

根据图片资料的介绍，诺列加的人生有个很大的曲线，那就是从美国中情局“线人”摇身一变成为了巴拿马的“民族英雄”。

展览以不少图片和实物宣称，诺列加在巴拿马能成气候，实际上离不开当初美国对他的扶持。

展览说，1934年，诺列加出生在巴拿马城一个穷苦家庭。早在青少年时期，他就立志当兵，并最终在中学毕业前争取到了赴秘鲁乔里奥斯军事学院学习的机会。1966年，已是巴拿马国民警卫队上尉的诺列加，来到美国北卡罗来纳州的布雷格堡，接受心理战训练。学成回国后，他连连晋升，1970年坐上了巴拿马国民警卫队情报局长的宝座。然而，鲜为人知的是，此时的诺列加早已成为美国中情局的一名高级“线人”。

中国学者苑基荣在解释美国为何要逮捕诺列加的原因时，曾经这样写道：

> 1983年，诺列加被任命为巴拿马国防军的司令官。其后不久，巴拿马总统埃雷拉死于飞机失事。在美国的支持下，诺列加继任巴拿马总统。
>
> 上任之初，诺列加颇能“知恩图报”，给中情局提供了许多关于中美洲反政府游击队及恐怖组织的信息。但是，“蜜月”很快结束，美国人惊讶地发现，诺列加越来越不听话，竟然要从美国手里抢回巴拿马运河的主权。一时间，诺列加成了巴拿马人心中的反美英雄。美国政府大为恼火，决意找机会报复。
>
> 不过还有一种说法。据美国畅销书作家约翰·珀金斯在《美帝国的秘史》一书中披露，老布什怒擒诺列加另有原因。当年，老布什的儿子、后任美国总统的小布什到巴

拿马的孔塔多拉岛度假，被这里的阳光、沙滩和美女迷倒，其间曾吸可卡因，还和当地一名女性发生了亲密关系。哪知巴拿马政府在孔塔多拉岛秘密安装了许多微型摄像机，小布什的行为被悉数拍了下来。随后，诺列加拿着小布什的“荒唐照片”要挟老布什政府，试图逼其在运河问题上让步。老布什因此下令推翻诺列加政权，并将存放那些照片的政府大楼炸毁……

↑ 美国《时代》周刊封面上的诺列加。

就在我去这家博物馆的前一天，巴拿马的朋友驾车送我路经巴拿马城郊外，突然指着路边一排竖有电网的高墙说：“这是巴拿马国家监狱，诺列加就关押在这里面。”

记得当时我有些愕然。

多年之前，我就对美国特种兵入侵巴拿马逮捕这个主权国家的领导人的行径而震惊。正因如此，我后来一直比较关注诺列加的消息。

眼下，不断从车窗外掠过的高墙电网如此真真切切。没想到，“诺列加”竟然会一下子离我这么近！

现在回想，在巴拿马期间，能比较综合地了解这位前总统信息的地方，好像也只有这家博物馆了。

3. 掌舵，通闸！在运河博物馆的体验

不管你会不会开船，在这里你都可以掌舵、通闸！巴拿马运河博物馆，设在著名的巴拿马运河老船闸入口大楼的楼上，我此前去过该楼两次，但均因人多且未能预约而不能入内参观。这次得到巴拿马国家旅游部的安排，专程来此观光。

↑ 运河牵引船，用以在两侧制约远洋货轮安全通过运河船闸。

这处博物馆的整体区域并不大，但很有效率地利用了空间，并尽可能多地阐释运河主题。

室内以实物、模型、图片、文字和声光电模拟等现代展示手段，将百年运河的前世今生，做了细致深入的展示和描摹，让我感觉是一家很不错的博物馆。

我边看边做些文字和摄影记录，并得以了解到，自1514年建立巴拿马城以来，这片土地上的历史变迁和重大

↑ 第一艘从遥远的中国贩运劳工来巴拿马担任苦力的船只模型。

事件。对其中两大主题陈列，我的印象深刻。

第一个主题是，该馆让每一位参观者获得驾船通过船闸的切身感受。

我站立在船长的位置，在现代声光电模拟效果环绕下，手执船舵，模拟着驾船缓缓驶进船闸；待水涨或水落后，再缓缓驶出船闸……

眼前，是一幅超大面积的LED显示屏。

我能清晰地看到，自己所驾驶的“货轮”，正按照手中的舵位以及航速，稳稳穿行于世界上这座最伟大运河的船闸。那感觉，真真切切！

当货轮终于驶出船闸进入宽阔水域之后，我的心情豁然开朗，无比畅快！

竟然得以“亲手驾船”，并庄严“驶过”巴拿马运河！这一历史性时刻，久远地印刻在记忆之中。

第二个主题，是博物馆对自19世纪的1881年以来，在由法国人主持开凿运河时起，运河区域一直遭遇毁灭性的黄热病和疟疾等急性传染病灾难、由盛转衰、继而由衰转盛的历史性过程，令人触目惊心。

博物馆通过大量的图片和文字，辅以循环播映的历史纪录影片以及部分实物，形象再现了始自19世纪的黄热病和疟疾对运河地区工人的肆虐。其中对1889年黄热病蔓延导致巴拿马运河公司破产，以及接手的美国公司于20世纪初如何彻底遏制这里黄热病的历史，介绍得十分详尽。

展示表明，1879年，74岁高龄的法国富商费迪南·德·雷赛布组建起巴拿马洋际运河环球公司，试图打通横跨太平洋和大西洋的伟大航线，预算为6.58亿法郎。然而，

↓ 大量实物或模型诠释运河施工状况。

↑运河博物馆运用人物模型展示开凿运河的艰辛过程。

可怕的黄热病和疟疾，迅速致使多达2.2万名工人染病死亡。1889年，巴拿马洋际环球运河公司宣布破产，法国为此付出了20亿法郎的代价。此举也令无数法国的投资者血本无归。

1904年，美国人以4000万美元收购了法国的运河开发权。孰料工程开挖不久，却被迫一再停工。原因很简单，85%的工人因为患有黄热病和疟疾而住进了医院……

1905年，美国投资100万美元，并用长达一年多的时间，对黄热病进行了大规模的灭杀行动。

直至1906年11月11日，巴拿马运河出现最后一例黄热病死亡病例为止，再也无人因此而丧命；与此同时，疟疾也得到有效控制。

巴拿马运河博物馆，一处浓缩历史镜鉴的所在。

↓大量模拟地球神奇动物的模型，是孩子们的最爱。

↓弗兰克·盖里作品：巴拿马自然博物馆的内部构造。（资料图片）

4. 自然博物馆：少有实物，魅力依旧

巴拿马自然博物馆（BIOMUSEO GUIDE Panama: Bridge of Life），顾名思义，当以自然界和动植物为主题的博物陈列所在。但是，它给世人最为强烈的印象，却是那五彩缤纷的外观造型。

博物馆的外形，以红、橙、黄、蓝、绿等彩色板块镶嵌组合而成。表面上看去，每块色板都是独立而没有衔接地随意放置，但是它的奥妙所在，就是看似松散凌乱的色板下，是严谨精巧的大小展厅；而色板之间的"间隙"，实际上是各展厅的采光口。

可以说，这处现代奇特、色彩斑斓的所在，已经被人们认定为巴拿马现代国家最富生机与活力的象征。看到这座博物馆，就可以想象，今天的巴拿马，拥有多么激越的生命力。

我打心眼儿里喜欢这座博物馆，而且对它越看越爱。

这座博物馆濒海而建，且位于一道狭长的半岛之中，两边尽是湛蓝的海水和碧绿的草坪。无论是从老城还是从新城，只要看得见海滨，就能轻易地一睹它的风采。我甚至还从上空俯瞰过它——那是我乘坐小型客机从巴拿马西部返回首都时，飞机盘旋即将降落之际，我突然瞥见舷窗下大海中那道狭长的半岛上，倏然绽放着一簇五颜六色的"彩花"。它炫目的色彩与周边蓝绿色的环境形成强烈反差，艺术的冲击力令人震撼。

这座号称自然博物馆的馆藏十分稀缺，甚至可以说并没有什么自然生态和动植物的实物陈列，按说只能是个概念炒作。但就我这个年龄段且去过世界各主要国家最大自然博物馆的人，居然还会兴致勃勃地去过两次！究其原因，乃是它的陈列设计理念十分前卫，颇能开人眼界，且处处精致细腻，尤其陈列风格与细节更具有迷人的魅力。

基本上没有实物（只陈列有极少数几件海洋动物的骨骼），那靠什么作为自然主题的陈列？

原来，这家博物馆非常巧妙地运用着声光电的展示技巧，各个不同展厅和区间，有条不紊地将巴拿马自然科学的历史沿革、现状和未来，逐一进行着动画演示，不仅让人一目了然，盎然生趣，还能获得很多知识。

例如，该馆陈列的所有动物，居然只是白色的仿真模型，如麋鹿、秃鹫、奔马、犀牛、大象、犰狳、虎豹、海龟……这些模拟的动物造型十分逼真，动态也活泼可爱。更有意思的是，博物馆将这些大大小小的动物组合搭配于一体，其纵横交错，上下贯通，虽然占位不多，但却不显杂乱拥塞，而且还富于审美的情趣。我目睹了不少的孩子流连此处不肯离去，足见它满足少年儿童认知动物世界的求知需求。■

巴拿马城自然博物馆的彩色屋顶，远观亦显生动。设计大师弗兰克·盖里因此而名噪全球。

蜚声全球的自然博物馆，其彩色屋顶
由设计大师弗兰克·盖里设计。

巴拿马的自然风光优美旖旎。

七、豢养白鹤的巴拿马总统府

↑作者在旅巴华人侨领、巴拿马中山同乡会会长林华康（右）、巴拿马友人家陆（Luis Camacho，左）的陪同下，访问巴拿马总统府。

1. 全球总统府无二景观：白鹤也能当“哨兵”

巴拿马总统府，是巴拿马共和国的国家最高权力机关所在地，也是总统办公场所。

由于当时中巴两国尚未建交，我没有访问总统府内任何官员的计划。但早就听说府内陈列着巴拿马最为珍稀的艺术精品，特别是藏有加勒比地区特色民族艺术品，因而十分向往对这座曾是西班牙殖民时期总督府的艺术珍藏，一睹为快！

侨领林华康先生和巴拿马友人家陆（Luis Camacho）熟稔总统本人和总统府。在他们的热心联络下，总统府同意我以中国作家和摄影家身份入内参观。不过对我的参观线路有所约定，即仅能观看陈列着珍稀艺术品的房间。总统府为此特派一位女士全程陪同。

我们如约来到总统府。

老远，就见海滨一侧有一片灰白色调的建筑群，其中一幢白色的三层小楼醒目地矗立中央。这小楼其貌不扬，如果放在欧洲，也就是常见的那种普通私人宅邸。

林华康说：“这就是巴拿马总统府！”

我注意观察着这个建筑群。它的四周好像没有设置高高的围墙，但可见栅栏和拒马等路障。四处时隐时现戴有钢盔的持枪军警；还有一些步履匆匆、进进出出的工作人员。

显然，林华康先生进出总统府早已轻车熟路。他径直带我走进外围的一间小屋，这是光线暗淡的传达室。所有

巴拿马总统府正门。

↑ 各色铜雕白鹤造型精细，身姿优雅。

↑ 喷泉下乘凉中的白鹤。

进入总统府的临时访客，必须在此办理登记手续并接受安检。我打量四周，已有好几位客人正在等候，其中有扛着摄像机的记者，也有着非洲彩色民族服装的外国访客。

不久，工作人员从登记表格上找到我们的名字，接过护照逐一核验并进行安检后告知：可以进入了。

推开传达室侧门进入总统府院内后，即见办公厅派出陪同的那位女士已经伫候。这是一位三十多岁的巴拿马女郎，面容姣好，脸上洋溢着亲切真挚的微笑，一看即知是礼宾公关的专家。

女士带我们走向白色小楼总统府。

白楼造型庄重而不奢华。正面有三个半圆拱形门窗结构，大门前有一突出的门檐。门檐上方正中央，醒目地悬挂着巴拿马国徽。

我踏入台阶走向总统府的大门。门两侧分立两位头戴大盖帽、身着威严黑色警服的持枪哨兵，其胸前醒目交叉着两道白色皮带，显得既精神抖擞，又神情庄重。两人朝我投来注目礼。

我刚踏入大门之内，突然发现正前方的喷泉池边，似乎伫立着两只洁白的鹤鸟。起初我以为是工艺装饰品，正在奇怪为何这般设置？却见那鹤已经轻抬细腿，并且施施然地朝我走来——啊，它是活的？

我不免大吃一惊：在庄严的国家最高权力机构，何以容许白鹤悠闲地走来走去？这是怎么回事？

我停下脚步，细加打量。但见大门左侧的墙边，设有一只白色鹤笼，其金属栏杆被漆成白色，里面干干净净地垫着报纸，没有闻到异味儿。两只洁白的鹤正用细长的腿独立笼间。

再看鹤笼一侧，居然就是全身披挂、昂然肃立的持枪礼宾军警。想想这鹤们动辄会在警察周围悠然自得地溜达，此景不仅滑稽怪诞，更与总统府的政治环境严重地“不搭”呀！

随后，我在楼内的好几处地方参观时，在楼梯间和圆厅处，继续发现多种与鹤有关的大型艺术陈列。例如不同造型的金黄色铜鹤的工艺雕塑，那鹤的颈项曲线优美，且

↑各色铜雕白鹤造型精细，身姿优雅。

↑ 白鹤正在大门侧的鹤笼内栖息。

↑ 铜雕白鹤造型精细，身姿优雅。

十分典雅。镀金的鹤身熠熠闪亮，令人赏心悦目。在一处精致木几上，更置放着绘有白鹤图案的瓷瓶，其绘画风格显示，它来自亚洲的日本。

堂堂总统府内，何以豢养和陈设着这么些白鹤？

陪同的女士告知，在拉丁美洲和加勒比地区，亚洲的白鹤十分罕见，更因它姿态优雅，而被视为吉祥禽鸟。巴拿马总统府内养白鹤，乃是已延续数十年的独特传统。原来，早在1903年巴拿马共和国独立建国之时，为庆贺首任巴拿马总统曼努埃尔·阿马多尔·格雷罗的就职，南美某国总统将自己喜爱的一对白鹤作为国礼赠送而来。

没想到，这位首任巴拿马总统一见这对禽鸟顿生怜爱之情，随后竟喜爱到“一日不见如隔三秋”的程度。总统下令：就将这鹤豢养于总统府，并在一楼门侧辟建小巧鹤屋。总统本人出入之际，总会逗玩一下它们，以此来舒缓整天操劳国务的疲惫不堪。

于是，就从那年起直至今天，尽管总统已更换了很多任，但这些白鹤却一代接一代地成为历任总统的宠物，得以在“巴拿马第一楼”安身立命，繁衍生息。被保留在楼内的，永远是两对四只不变。

陪同女士说：“巴拿马人认为，自打白鹤进入总统府后，巴拿马的国运就一直向好。它们带来了幸运和吉祥！”

她继续介绍：“因为有这几只美丽的鹤，巴拿马总统府在世界上也拥有别名：‘巴拿马鹤楼’！”

“知道吗，我所在的中国武汉市，正好有一座中国著名历史文化建筑黄鹤楼！”我赶紧告诉这位女士，并突发奇想，“我可否建议，你们这两座名楼或许能够缔结为友谊姊妹楼呢？”

女士甚为高兴，连忙回答：“这是一个不错的主意！我将向总统府部长罗伯托·恩里克斯先生报告！”

原来，巴拿马政府专设有总统府部长，相当于大内总管。罗伯托·恩里克斯曾任外交部长，后由总统里卡多·马蒂内利于2012年7月16日任命担任总统府部长。他是现任主管总统府所有事务的最高级别官员。

我突然记起，包内正好带有一本武汉黄鹤楼的英文画

第4263期 2017年8月9日 星期三
编辑 李红 美编 史明波 电话(010)65369474
环球时报 环球风情 11

已经是百年传统 象征着幸运吉祥

巴拿马总统府养着四只白鹤

● 余熙

老城海滨的三层小白楼

养白鹤是百年传统

总统府内随处可见白鹤造型艺术品。余熙摄

大厅壁画再现国家历史

在塔利茨博物馆读懂“贝加尔湖”

本报记者 钟玉华

←2017年8月9日，《环球时报》发表作者余熙的文章《巴拿马总统府养着四只白鹤》。

←2017年9月28日，位于中国武汉市的黄鹤楼举行第四届诗歌汇，其场面恢宏壮观，璀璨夺目。（张炜摄，王红念供图）

册，于是赶紧取出，请她转赠总统府部长参考。

回到武汉以后，我将这一信息告知中国著名旅游景区黄鹤楼公园管理处的负责人。他们大为惊讶，没想到在遥远的巴拿马居然也有一座“鹤楼”！我建议：“希望双边都能关注，或许在以后的某个时日，这两座名楼真能缔结为姊妹楼呢！我乐见其成啊。”

↑ 陈列的瓷瓶上也绘制着白鹤的图案。

2. 金色大厅壁画：高悬于天花板的国家历史

巴拿马总统府内可谓处处锦绣。

沿着白色大理石楼梯，我拾级而上，映入眼帘的是数量不多但质地精美的艺术佳作，其既有巴拿马本国艺术家创作的雕塑作品，也有外国赠送的国礼。我注意到墙面上挂着的一幅印度挂毯，其上绘有典型的印度人像造型。还有一些欧美风格的雕塑和油画作品，也吸引着我饶有兴趣地细加端详。

我从一楼上至三楼，去了最为精彩的接待大厅及多处公共空间和房间，感到这里的装饰风格十分独特，那就是寓淡雅朴素于低调奢华之中。

其中最为精彩的所在，是总统府的金色大厅。

金色大厅顾名思义，主色调乃金色。它共分为三个隔间：左间和右间同等大小；两者之间由大理石廊柱大门连接，直通中央那间宽阔的大议事厅。

左间为总统专用的简易办公室。

在正面大窗的左右，分置两座美观的桌几，其上竖立着精美的瓷瓶。总统的办公桌置于正中央，其桌面为整块的、石纹细腻美观的大理石。

办公桌后，则是总统高靠背座椅。这只椅背的上方，镶嵌有象征国家最高权力的国徽浮雕图案，整个座椅包括织锦软包，均呈金碧辉煌的暖黄色调。总统座椅两侧，有两把椅背稍矮的同色座椅相衬托。

这里是总统会客会谈时需要临时签署文书的重要场所。平素总统常用的办公室并不在此。

总统办公室的墙面装饰也十分考究，高阔的天花板下，排列着精致木质面板镶嵌而成的方块图案。墙边置有核桃木质地的文件柜。由天花板垂至地面的织锦大窗帘，愈显室内装饰的高雅不凡。

右间则为会客室，沿墙壁相向排列着两排金黄色的织锦靠背座椅。天花板的水晶吊灯辉煌高贵。

最引人注目的长方形的中厅。这里是巴拿马最为重要

↓ 总统府会议厅的座椅靠背饰有巴拿马共和国的国徽。

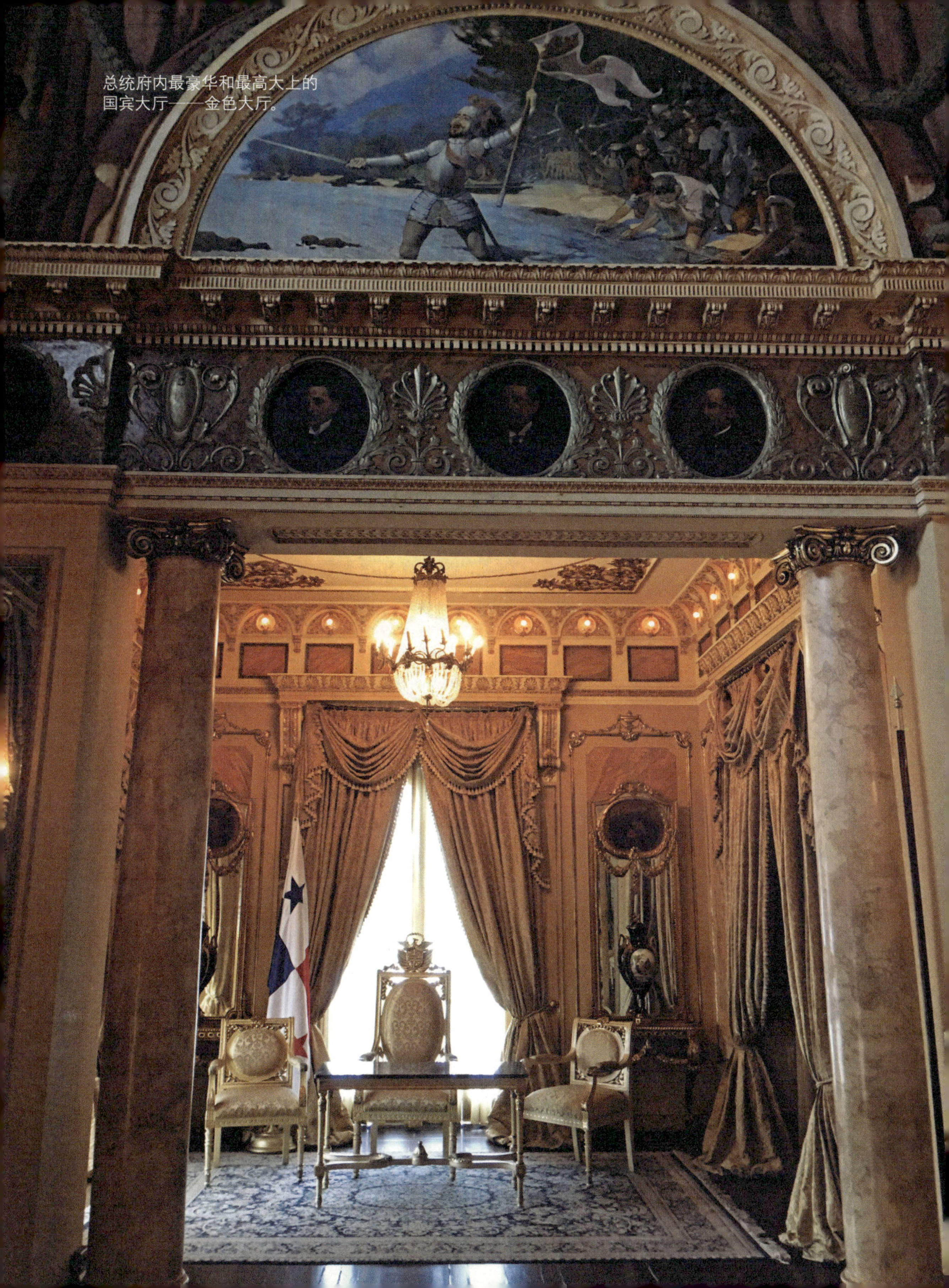
总统府内最豪华和最高大上的国宾大厅——金色大厅。

↑ 有意思的是，陪同的红裙女礼宾官员两次提议，要我手扶总统椅背留影。我不解其意，但恐此为本地习惯，便匆匆照办。

的国务礼宾场所。几乎所有外国元首和政府首脑前来访问时，都会在这里与共和国总统正式会晤。这里也是巴拿马频繁举办各种国务活动的重要场所。

步入中厅，首先的感觉是这里既敞亮又庄严。沿墙几扇大窗洞开，使室内倍感明丽而温馨。大厅的天花板上，以木质桁条规则排列开来，其装饰非常美观。

大厅中央，置放着一只长条木桌，两端各置两把座椅；长桌两侧则相向整齐地置放着高背座椅（我数过，发现一边七把，另一边却八把）。这座椅和木桌均为深沉的赭红色。椅的靠背为皮革制成，每一靠背中央都印有巴拿马国徽的彩色图案。可见，能有幸坐上这把椅子的人当属非富即贵，与有荣焉。

金色大厅最值得一说的，就是绘于穹窿和墙壁上的、精美绝伦的历史连环壁画。

这些历史壁画全都绘于四壁接近穹隆的高处，包括穹隆的圆形画在内，大大小小的共有十余幅。

陪同女士介绍，壁画的作者是同一位画家——罗伯托·莱维斯。这位壁画家现已过世，但他的子女仍住在巴拿马城。有时，政府会邀请子女以画家亲属身份前来壁画现场，向重要的外国宾客讲述父亲创作壁画的故事。

闻听此言，我似乎有点失落：若知有此机会，我一定会强烈建议总统府邀其来此，当面讲述这些画作背后的故事，那该有多好啊！

我仰着头，逐一仔细欣赏这些精美的壁画，发现所有的画面全然没有颂神和宗教的意味，内容均与巴拿马历史沿革有关。这完全不同于我在欧美许多国家重要建筑或博物馆所见的壁画，主要以《圣经》故事和神祇崇拜为主题。

壁画从这片土地早年仅有土著印第安人的生活场景画

↓金色大厅靠近天花板处，是巴拿马画家罗伯托·莱维斯绘制的巴拿马国家历史文化题材的油画。已故的罗伯托·莱维斯的画作，已成为巴拿马的国宝。他的子女有时会被邀来总统府，讲解回顾自己的父亲创作这些画作的故事。

起，然后一幅一幅地铺开历史演变的沉重画卷。这种讲述历史故事的方式，与我在巴拿马任何博物馆之所见均大有不同。这里是在用非常感性的画面，形象地诠释这片土地上人文与社会的变迁历史。画面感丰富形象，具有极强的历史穿透力和震撼力。

有两幅油画我印象深刻。一幅是身着白袍的女神，一手抱着精致的地球仪、一手高举鲜花，正驾驭着马车向前奔突；她的下方，一位裸体神童正向远方吹响前进的号角。画面充满生命激情和奋发乐章，令人激动和神往。

另一幅是现代巴拿马寻常人家的普通生活场景。四个儿女满脸欢笑地簇拥着同样欢笑的母亲，正在家门前轻松地玩耍。刚从海里捕获的鲜活海产品，显示出生活的富庶。一个女儿手中的章鱼，正抖动着触须将一只肥大的海

↑走道墙壁悬挂着精美的艺术品。

蟹紧紧缠绕，海蟹尽管有大钳却也无可奈何……

这些画面的生活气息浓郁，展示着巴拿马人对安宁、祥和生活状态的向往与讴歌。

若从油画艺术的技巧上分析，这些壁画属成功之作，虽然人物造型未免有“千人一面”的单调之嫌。

但是必须承认，他的每一幅画面的人物造型，均显示出丰满生动的个性特色，画面颜色也变幻多端，明朗灿烂。加之画面场景或宏大辽远，或细腻传神，实乃不可多得的历史场景之再现。

这些作品既能被视为单幅的独立画作，又可被看成相互具有内在关联性的连环画作。可以说，总统府金色大厅的这些壁画，当属巴拿马国家历史与现实的伟大的诗史性画卷。■

总统府内最豪华和最高大上的国宾大厅——金色大厅。

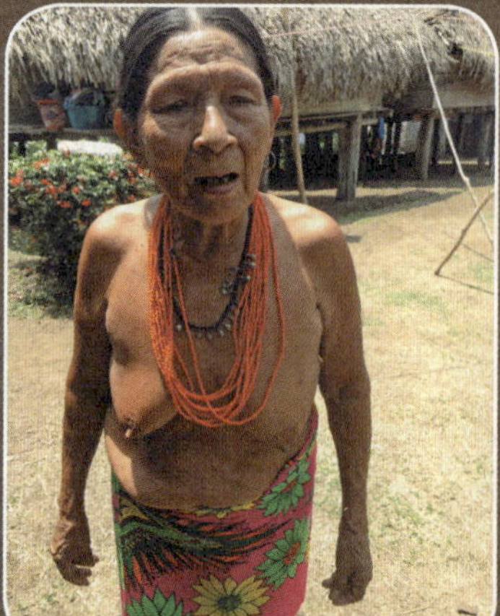

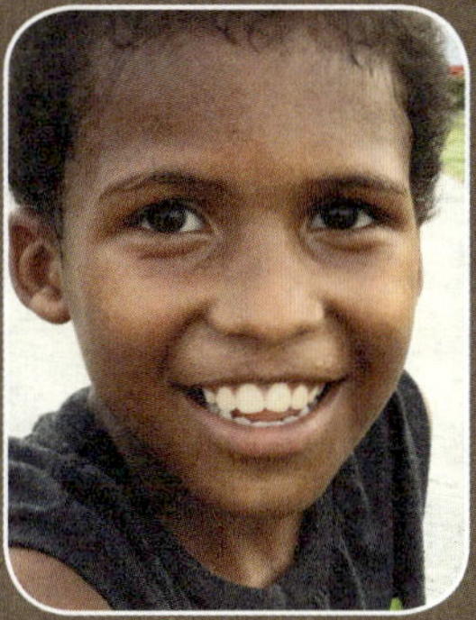

第三章

巴拿马的社会文化艺术

一、“魔鬼餐厅”的惊悚与魅惑

↑ 魔鬼餐厅白天的店堂外景。（林圣融摄）

小小的门脸儿两侧，却一边竖着一个比门还高的魔鬼造型。这魔鬼可谓青面獠牙，大大的眼珠被挤出眼眶，血红的大舌头撩出嘴外，满脸凶狠狰狞，令猛一见它的任何过客都会为之惊悚。

不要以为这里是什么耸人听闻的“魔鬼探险游乐馆”，它只是巴拿马城老城区一家餐馆的装饰而已。靠近海滨的法兰西广场附近这座“魔鬼餐厅”（Restaurante Diablicos），正因其拥有夸张到极致的魔鬼装饰，才使自己能在海内外赚来鼎鼎大名。

这间餐厅上下三层，面积并不大，且餐食似乎也不那么可口。我的餐食由旅游部预订，是一些黄色的米饭、一些蘸酱的土豆块，还有一截深赭色肉条状的东西，一吃才知是烤香蕉。老实说，仅从美食角度，我可能不愿来此就餐。但据说来巴拿马的外国人都喜欢往这里钻，就因为它的“魔鬼”装饰实在奇特有趣。

魔鬼餐厅墙面和桌上，到处置放着变形玩偶艺术品。它们形象怪诞，色彩斑斓，饶有趣味，耐人咀嚼。我楼上楼下浏览了不少奇趣玩偶，虽然口腹之欲没被满足，但终于眼球赚足，不虚此行。

↓ 魔鬼餐厅内陈列的傩面艺术品。

餐厅一位体态丰满的中年女性侍者，见我兴趣浓郁地到处拍照，便笑眯眯地对我说：“我在这里工作两年间发现，餐厅这种源自西班牙传统的以魔鬼为元素的文化氛围，对信仰天主教的客人有很大吸引力。”

这些纸质彩色艺术玩偶起源于西班牙，自从流传到拉美和加勒比地区后，它又与当地文化相交融，从而形成今天特有的夸张装饰风格。我在墨西哥曾多次看过类

魔鬼餐厅白天的店堂外景。

似的纸质人偶，其制作样式与此无异，但文化内涵各有不同。这种艺术玩偶业已成为拉美地区一道奇妙的风景线。■

↓魔鬼餐厅晚上的店堂外景。

↑魔鬼餐厅内陈列的傩面艺术品。

二、木纸公交车模型为何受宠?

↑↓ 以街头花巴士为原型的木纸模型公交巴士艺术品。

在魔鬼餐厅三楼的楼梯间，置有宽宽的桌台，上面却稀稀拉拉地摆着三四辆薄木片和轻型纸质的彩色公交车模型。

我有点奇怪，这么大的桌面只放几件纸模型，未免有点浪费空间啊！

这纸质的公交车模型，其原型就是正在巴拿马满街跑着的普通公交车。这车是从美国倒腾过来的二手校车（School Bus），就是长方形大鼻子杵在前端、高高的排气管戳在屁股后直冒烟儿的那种，极好辨认。

朋友告诉我，这车旧虽旧点，但质量实在不错。由于美国人对自己校车的质量要求特严，到年限必须更换，于是这些被淘汰下来的旧车，就被半卖半送地运到了巴拿马。

别看是旧车，巴拿马人可拿它当作宝贝呢！

由于巴拿马不像世界大多数国家那样、对于公交车的车身颜色有着统一硬性的规定，于是引来众多艺术爱好者手持画笔各显其能。首先，他们把黄色的车身全部更换成五颜六色；然后在车身四周绘出奇形怪状、五花八门的图案。

我观察过不少车身的图案，偶尔也可遇见技巧高超的画作。这些车身涂鸦的主题，既追求黄油面包也追求诗和远方；既生动反映着社会现实，也不乏追求宗教理想。这些“花车”行驶在大马路上，恰是对巴拿马社会民俗文化最直接的诠释、最璀璨的讴歌和最接地气的融合。

这种“花车”我以前在牙买加的城市也见过不少，但那里没像在巴拿马这般蔚为壮观。看来，美国朝周边国家抛售旧校车已成常态。

在巴拿马盛行的这种公交车彩色纸质模型，据说大受美国游客欢迎，他们回国时常会买下留作纪念。

我明白了，为什么偌大桌面仅空荡荡地摆着几辆小车模型？一定是原本曾经满满当当地摆过大一桌，只是已被游客买得所剩无几而已。■

→以街头花巴士为原型的木纸模型公交巴士艺术品。

↓从美国购回的旧校车，被改造成车身花花绿绿的公交巴士。

三、花布织就印第安人苦难史

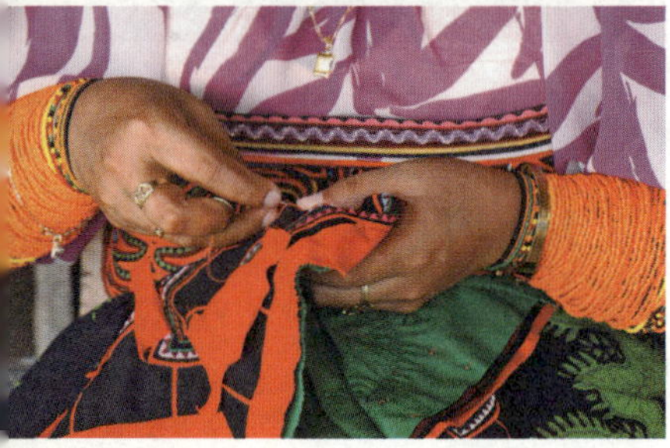

↑ 巴拿马特有的印第安民间花布织绣艺术品。

↓ 这位印第安织女正在销售她织就的艺术品。

我第一次接触巴拿马艺术，是在北京的巴拿马中国贸易发展办事处。推开代表处的门，狭窄的走道上，两幅巴拿马民间花布织绣图案立即吸引了我。

这种花布织绣，是以简洁细腻的彩线，在不同底色的棉布上，织绣出极为有趣的线条组合。

来到巴拿马后，我发现这种织绣的花布原来是流行于整个国家的大众化民间饰品。它的幅面大小不等，在艺术博物馆内，我见过大如整张床铺的花布，它由若干幅小的长方形花布组合而成，每一幅小花布上的图案各不相同，但组合出满满当当的、相当完整的巴拿马社会民俗生活场

↑巴拿马特有的印第安民间花布织绣艺术品。

景，宛若“巴拿马版”的《清明上河图》。而平素所常见的，则是半开报纸大小的花布，这种比较便于家庭陈设张挂。

这些图案中，通常会出现服饰优美的巴拿马女性，还有常见的生活用品，如水桶、陶罐等；动植物也是重要题材，特别是大海的生灵，如海马、鲸、虾蟹、水母等，都特别入画。我观察到，其中有一种动物备受青睐，这就是长颈长腿的白鹤。不少花布都将白鹤入画，足见这种禽类在巴拿马人心目中的特殊魅力。

这些花布织绣的作者，均为巴拿马土著的印第安女性。有的作者巧妙地以印第安人苦难生活为主题，把自己在艰难困苦环境中磨砺求生的场景尽情展示出来，更有对近代西方殖民者残酷杀戮印第安人、印第安人奋力反抗场景的描绘。这类花布，堪为印第安人苦难历史的艺术见证。

花布作者，都是未受过专业美术训练的质朴勤劳的印第安女性，这些民间艺术家的创作色泽格外艳丽，图案古拙质朴，十分写实又很接地气，颇似中国陕西“户县农民画”的风格，因此不仅深受本国人民欢迎，更得外国游客喜爱。

我在巴拿马期间，常在街头见到兜售这种花布的印第安人。花布虽质量参差不齐，但价格并不太贵，且较好者居多，我在回国前特地买回好几块以作纪念。■

富于特色的巴拿马印第安库纳部落花布织锦。

四、植物果实雕成的肖型动物

↑萌萌的树懒。

↑作者在印第安人部落的小摊上，向印第安人买下十几只果实雕刻的小动物工艺品。

巴拿马，动植物的天堂；也是衍生出天然植物果实的精密雕刻手工艺术品的天堂。

这些民间手工艺术品，就是在比鸡蛋稍小点的褐皮白果上精心凿刻出精巧逼真的小动物形象。

我两次去西部的印第安人部落，后来又在巴拿马城老城的法兰西广场附近，均在一些民间饰物小摊点上，发现出售这种雕刻在天然果实上的手工艺术品。

这种手工艺品以热带雨林中和海洋里的各种动物为题材，如金钱豹、金刚鹦鹉、玳瑁、树懒、海龟……特别是海龟，果实雕刻做出多种多样，有抬头探行的，有刚刚出壳的，形态生动灵活，让人一看即爱。

在印第安人部落，裸露上半身的印第安小伙，坐在简陋茅草棚的木栏上，向我兜售这些手工艺品。

陪同人员介绍，这些作品的原作者，就是这位印第安小伙本人。

微笑静听着的我，其实心里并不认同他就是作者。

因为这些雕刻手工艺品看似简单，但无论题材还是构图，无论刀法还是技巧，十分成熟完美，一看即知是专业雕刻匠人所为。

不过，毕竟作品比较讨喜；加之我理解印第安人在深山转卖此物委实不易。于是尽管每只要二十多美元，我仍一口气买回了十多只。喜欢嘛，没办法！

带回家后，家人孩子果然特别喜欢，因此陈列在家里的醒目位置。

后来我在法兰西广场附近再次看到卖这种一模一样的雕刻作品，且价格比深山要便宜一半。一问果然证实了当初的判断：这种民间手工艺品在巴拿马城设有专业厂家，产品数量大到能批量出口。

更有意思的是，在离开巴拿马半年后的2016年12月24日，我在法国香榭丽舍大街著名的“圣诞夜市”上，居然再一次看到专卖这种用拉丁美洲植物果实雕刻的手工艺品的摊点。一问，全是从巴拿马进口而来！而且摊上的品种，比我在巴拿马时所见要多许多。

好东西果然在哪里都受欢迎！

如果中国也能进口这些可爱的工艺品，肯定会大受欢迎。■

↑ 破壳而出的小海龟。

↓ 在印第安人部落的小摊上，陈列着各式果实雕刻的小动物工艺品。

↑巴拿马特有的印第安民间花布织绣艺术品，以及女性独具特色的戒指。

←描绘巴拿马女性喜爱的民族舞蹈裙装的壁毯。

五、“腿饰”？绚烂璀璨的民族服饰

↑巴拿马印第安库纳部落女性习惯对双臂双腿进行装饰，其中腿饰尤具特色。

巴拿马的民族服饰不仅非常美丽，而且潇洒舒展。

巴拿马无论男女，其服饰均以纯白色为底色，间或饰有普鲁士蓝的横条状花纹作为纹饰。这大约与邻近赤道、需抵御强烈的阳光和高温有关。

女性裙装的材质是松薄轻软的织物，样式则以落落大方的宽松和飘逸为特色。这些裙装既能适应炎热气候，又能规避欧美宫廷服饰的繁缛和累赘。当她们着裙装翩翩起舞时，那大裙褶边便宽松地旋转翻飞，十分飘逸潇洒。

这里女性的头饰也很有地域特色，既舒张美观又能通风透气。它们多以白色珍珠相串成链，绕在头部组成精美宽松的图案。远看珠光宝气、晶莹悦目；近看则是几串线条精致镶嵌，尤显妩媚动人。

无论节日还是平常之日，年轻的女性均习惯佩戴金质项链。狂欢和游行时，姑娘们身着华丽裙装，戴上高贵的珍珠头饰，但仍嫌不够美丽，于是人人都要佩戴十几根甚至几十根各色项链。这项链多以足金为质，长度超过一般所见数倍，链端底部结有纯金吊坠，当姑娘们狂舞之时，这些金色项链便会随之纷飞旋舞，眼花缭乱之中，愈显女性的妖娆之美。

男士的白衣或白袍上也常镶缀彩色纹饰。他们在狂欢活动中，通常干脆在头部罩一纸质傩面，那是涂得血淋淋的、面目夸张狰狞的魔鬼图腾，戴上手舞足蹈时，很有喜感。

当然，这类重妆彩饰平时难得一见，但在狂欢节或主要节日游行时十分流行，是街头文化的一大亮点。

巴拿马的印第安土著部落中还有一分支，女孩子习惯穿着彩色细珠串联起来的胸衣，其上饰有菱形和四边形彩色图案，既实用又美观。

族群中的女性无论老少还有一大习惯：在小腿上套穿彩珠缀联起来的“腿饰”（我不知其规范称谓，恕暂称为腿饰）。这种长袜状的细珠腿饰，从膝盖以下直至脚踝，紧紧包裹住整条小腿，确能体现女性纤腿的美妙线条。更有少数老年女性，还将此细珠缀联成片的饰物套戴于手腕部位，都令人印象深刻。

“腿饰”这种审美习惯委实独特。或许在我们看来似有累赘，但在印第安女性的眼中，它们则是最为富丽典雅的装饰。女性们一定会为它给自己带来的自信与荣耀为豪。

这也是我在整个美洲，特别是在巴拿马所见的最具风情的印第安女性装饰习俗。■

↑↓ 巴拿马印第安库纳部落女性习惯对双臂双腿进行装饰，其中腿饰尤具特色。

六、多元国民结构促成文化多样性

↑ 巴拿马特有的印第安民族花布拼画艺术品。

↑ 具有宗教色彩的殖民时期建筑艺术。

仅从巴拿马人的服饰文化来看，就能发现它是文化多样性的典范融合体。

这里既有印第安土著文化特征（如傩面背后各种神祇故事），又受非洲文化的重要熏陶（白色裙装及图案均有东中非的服饰痕迹），还有北美和欧洲的文化传承（包括头饰和服饰在内的艺术风格），以及南美文化习俗（佩戴珍珠项链的习俗及服饰图案）。

构成巴拿马民族服饰特色的渊源，与这里国民结构呈高度文化多元取向直接相关。

巴拿马的国家文化政策，一直高度鼓励文化的多样性。来自不同种族、不同文化、不同国别的移民，将各自母国的传统文化原汁原味地带到巴拿马，并在这个中部美洲小国加以浓缩提炼、交融混合，从而锤炼出异彩纷呈、璀璨斑斓的特色民族审美情趣。

那些曾经的移民、今天的巴拿马国民，无不具有充分的国家自豪感与民族自信心。难怪他们能以极大的热情，充分展现各自母国的优秀的传统文化和艺术精粹。

纵观这个国家的文化和艺术，宛若步入世界文化多样性的博览园。

——无论走到哪个城市，公共空间必见艺术雕塑。这些多为金属或石质的雕塑，主题多为纪念历史上德高望重的人物或事件、对社会进步作出贡献的人士，以及纯粹以审美为价值取向的艺术雕塑。

——无论走到哪个餐厅酒店或公共场所，必定会看见各种美术作品作为装饰物。巴拿马的油画具有热带地区油画的基本特色，那便是浓烈色彩与激越主题的巧妙

↑ 街头艺术家正在向西方游客出售巴拿马民间工艺绘画艺术品。

↑ 巴拿马城玻利瓦尔大教堂内的宗教壁画。

组合。

——无论走到哪个僻巷，都会在某一段残垣或高墙，发现主题十分鲜明的艺术涂鸦。这种涂鸦通常扮演了现代城市的美容师。

……

巴拿马处处可见只有拉美才流行的特色社会文化。比如，在不少的餐厅酒店或商场，我都会见到颇为有趣的“拉美娃娃”和与之搭配的图案饰物。不少厕所的门外，也会置有两只萌萌的男女布娃娃以作指向。早年我在墨西哥等国曾多次见过的这种小情趣，在巴拿马也大行其道。

拉美文明以其巨大的包容性，延续并发展着它独特的审美影响力。■

↑在巴拿马街头随处可见的民间公共艺术作品。

↓巴拿马女性热烈翻飞的节日舞蹈裙装。

这是一幅质量上乘的、巴拿马特有的印第安民族花布拼画艺术珍品。

第四章

咖啡香菠萝甜，树懒更呆萌

一、呆萌的树懒与巨喙的大鸟

1. 晴空高天，何以传来如此凄厉哀号

↑ 在牛口省科隆岛的沙巴提亚沙洲丛林高高的树梢上，有多只树懒躲在茂密的树叶中。

我乘坐的快艇，掠过宽宽的加勒比海面，终于驶近一处风光旖旎的密林海岛。

水手将发动机熄火，然后探出长长的撑杆，钩住小岛岸边的木质跳板。我站起身，准备上岸。

“呃——”！一声撕心裂肺的嘶叫，突然在头顶上方炸响。我猛然昂首，但见岸边高高密林的树梢上，一只呆萌的肥肥树懒，正不断扭动那笨拙的身躯，右肢还慌乱地缓缓挥舞着，好像正在抵挡着什么。

再看它的上方，一只凶猛彪悍的大雕正从天而降。

这死神两翅大张，俯冲直下，沿着树懒稍作盘旋，便伸出两只锋利的利爪，“呼”地直朝树懒抓去。

眨眼间，树懒便被牢牢攫获。

绝望的萌宠，还在嘶叫中不停扭动，只是一切已晚。

这只张扬着威武顶冠、扑闪着如篷大翅的大雕，用利爪死死钳住猎物后，迅疾飞出梢林，直腾云天。

利爪下的树懒，继续绝望地扭动着，但身影已与大翅混为一团，忽闪忽闪地渐无踪影。

一条鲜活的生命，一只极受中国年轻人喜爱的稀有萌物，顷刻消失殆尽……

这只瞬间捕杀树懒的高手，就是被镶嵌于巴拿马国徽图案中的大型禽类、巴拿马的国鸟——角雕（Aquila Arpla）。

如果不是树懒那声凄厉的惨叫，刚好起身船头的我，就会失去目击角雕猎食现场的机会，当然也不会格外关注这个可怖的空中杀手。只是可怜的树懒定会一百次地心塞：这位命中注定的“凶煞”，分明是为“自己的肚子”而行凶！

↑ 在牛口省科隆岛的沙巴提亚沙洲丛林高高的树梢上，树懒躲在茂密的树叶中。

2. 荣登国徽的国鸟角雕

角雕，又称为哈比鹰，是地球上最强悍，也是体型最大、最凶残的鹰类之一，但更是近年来濒临灭绝的美洲珍稀猛禽。它捕食的对象，大多是栖息在树上的小型哺乳类，如蜘蛛猴、树懒、长鼻浣熊等，偶尔也会攻击其他鸟类。角雕身高可达1米，翅展可达2米之宽，两只尖锐粗壮的利爪拥有180公斤以上的握力，能够瞬间攫取并杀死猎物，攻击力堪称“鹰中的灰熊”。

↑ 巴拿马国鸟角雕。

角雕曾广泛存在于墨西哥南部至阿根廷北部的热带、亚热带丛林地区，但如今中美洲只有巴拿马与哥伦比亚接壤的达连省，以及在偏远的亚马逊丛林偶尔可以发现它的种群。

它也是各种鹰中体重最大的。角雕的头上长着几片竖立的羽毛，远看似角，非常威武。体重越大的鸟其繁殖速度越慢，每隔三四年才生两个蛋，而且只有其中一个能孵出雏鸟。

在运河流域密林深处自然氛围十足的萨米特公园，我目睹了人工豢养的角雕。直觉能与它齐名的大鹰，恐怕只有美国的国鸟白头雕了。

公园内的这只角雕，为两岁雌性，正昂然屹立于粗大树干之顶。它的头顶，兀地竖立着一撮撮向后纷披的羽毛，远远看去，颇似印第安原始部落酋长所戴的象征权力的羽毛头冠。这头顶上的奇特造型，令角雕在气势和风度上顿显卓尔不群，把世界众多头顶上显得圆圆平平甚至秃秃的雕类们，一下子就甩出了好几条街。

在角雕笼旁，我偶遇“朝圣者基金会巴拿马代表处”的工作人员，得知这家基金会从2000年起，便卓有成效地倡导和发起了巴拿马的“国鸟节”。多年来，该基金会积极开展对角雕的跟踪调查、社区教育和种群保护系列活动。“现在，我们的努力产生了明显效果。角雕栖息地附近的居民不再因为惧怕这种大鸟而去躲避或猎杀它们。”这位工作人员说，“16年来，我们在西部的博卡斯·德尔托罗省、查格雷斯国家公园和圣布拉斯自然保护区，均不断发现了角雕新的巢穴，这无疑是个好消息。当然，我们需要做的事情还有很多，角雕面临的最大威胁，是人类对森林滥砍滥伐所造成的栖息地日益减少。我们一直不断地呼吁政府加强执法，在城市化进程中对自然生态多加保护，为角雕留下最后的生存家园。”

3. 野生浣熊，大摇大摆地朝我走来

巴拿马的动物们，算是投胎到了世界的绝好之地。

首先，这里系热带海洋性气候，山高水低，植被丰茂，草木繁盛，气候温暖，空气湿润，生态优越，环境平和，十分适宜于各种动物的繁衍生息。

更主要的，是生活在这块地峡的三百多万国民，基本上没有捕杀烹吃野生动物的习惯。

↑ 奇里基省的公路旁，一只野生浣熊大摇大摆地朝我走来。

因此，穿山甲、蟒蛇、长鼻浣熊、玳瑁、鳄鱼、水鸟、野獾……在这里全部成为人类的朋友，至少不是只要遇到人类就被捕食。

我在巴拿马的15天中，常常与各类野生动物不期而遇。

那天上午，我在西部奇里基省的甘博拉雨林度假酒店的院子里，突然瞥见一只成年的野生浣熊，正从老远大摇大摆地、施施然地朝我走来。它长长的身躯，肥胖的肚子，浑身溜光发亮的褐红色长毛立即吸引我的眼球。

这浣熊抬头瞅了我一眼，然后丝毫没有避让之意地继续朝我走来，好像我俩是老朋友似的。当它从我的脚边经过时，竟然连头也不抬、招呼也不打地紧擦我的鞋边而过，然后不慌不忙地钻进绿丛深处……

我有些蒙。这该不会是家养的吧？咋就这么不怕人呢？后又想，它莫非也在发懵——自古咱的地盘，你哪儿来的呀！

奇里基省的公路旁，一只野生浣熊正在骚首弄姿。

4. 巨喙大嘴鸟口福何来？高颜值呗

在牛口省科隆岛一处露天餐厅午餐时，我餐桌边的木质围栏上，赫然站着几只浑身漆黑的大乌鸦，正近近地、眼巴巴地盯着我，显然希望我能掷食喂它。乌鸦麻雀们围站餐桌前乞食的场面，我在许多国家露天进餐时常有所见，并不以为怪。

↑↓ 大嘴鸟业已成为印第安原住民最为亲近的朋友。

但没有想到的是，突然间，头顶“嘎嘎”地欢叫声起，只见两只羽毛艳丽夺目的巨喙大嘴鸟，正追逐嬉闹着盘旋而下，最后，它俩居然也伫立我的餐桌木栏前，和乌鸦们一起，黑亮的双眼直勾勾地瞪着我。

有这等禽鸟中“高颜值”的“战斗机”光临，我自然不敢怠慢，连忙切下几片上好烤牛肉，动作轻巧地放置木栏之上。边放肉片我边感叹，这颜值高真没办法啊！

只见巨喙美男子大嘴鸟，见状似乎有点不好意思地望望雌鸟，然后再三地朝我行着注目礼，在确认我待客确有诚意之后，它终于蹦蹦跳跳地凑到桌边，用那只硕大无比的巨嘴，一口叼起我的馈赠之物，忽地飞走……

看着那又大又厚又重的大嘴，我想起中国一句俗话：一斤鸭子半斤嘴！而它的一斤中应有八两是嘴了。

↑在印第安原住民的住所里，大嘴鸟业已成为最为亲近的朋友。

5. 彩色箭毒蛙，形状萌萌哒

在科隆岛的巴蒂斯门多斯红蛙海滩，沿海全是野生自然的椰树林，不少椰树自然枯死后枝干横七竖八地躺卧沙滩，不少野草从沙滩中钻出，形成并不茂密的沙滩草丛。就在这里，我见到了数不清楚的、色彩极为艳丽的小跳蛙。这种小蛙有个可怕的名字：箭毒蛙。

当印第安原住民俯身随手抓住一只，并要递到我的手中时，我本能地缩回手掌，不敢碰它！

发现了我的胆怯，原住民笑了。

“其实这些蛙们并没有想象中的那般可怕。确实，早年印第安部落相互厮杀时，弓箭手们会刻意在箭镞的头儿上涂抹一些天然毒液，它会致死对方。”他说。

我此前从书上得知，印第安人搜集置人于死地的毒液时，专找人们熟知的毒蛇、毒蝎，毒蛛，还有的就是这种五彩斑斓的迷你小蛙。他们认为，这小蛙皮肤上的毒液量虽量小但毒性极大，若与其他动物昆虫的毒汁混合起来，便可“一箭封喉”。

↑牛口省科隆岛的沙巴提亚沙洲海滩草丛里，满是花花绿绿、蹦蹦跳跳的箭毒蛙。

我观察着这只箭毒蛙，感觉它的体积实在太小了，大约也只有中国人民币一元硬币般大小，且单只小蛙皮肤上的毒液分泌极少，其毒素几乎可忽略不计。难怪当地人敢用手随意抓住箭毒蛙，并窝放手心呢。

经他这样一说，我也敢将此前闻名色变的箭毒蛙，小心地托于掌中，仔细端详了。

这蛙的形状，简直就是常见青蛙的缩小版，但它们的迷人之处，在于色彩太过艳丽斑斓，其红黄蓝黑，或点或片，五彩缤纷，炫人眼目，令人惊叹。

↑↓牛口省科隆岛的沙巴提亚沙洲海滩草丛里，满是花花绿绿、蹦蹦跳跳的箭毒蛙。

特别是它们的体表，确实正在分泌带毒性的湿润体液，因而在艳阳下晶亮反光，闪烁不定，这使得散藏于沙滩草丛缝隙中的小蛙，蹦蹦跳跳地宛若一粒粒晶莹剔透、迷离不定的彩色宝石。

就在小蛙的旁边，竟有不少蛇类悄然出没，想必小蛙就是它们的口粮。我就悄然拍摄到一条碧翠无瑕的青蛇。只见它浑身绿得耀眼，游动时极为快速和隐蔽，仿佛一道瞬间掠过的绿色闪电，人还没看清就再难寻其踪影了。

至于在水面上只露出两只令人发怵的圆眼睛，整个身体隐藏水下的巴拿马著名的大鳄鱼，它们的厉害不说你也知道了。我乘坐独木舟时，有时就会穿越鳄鱼群，独木舟尾部的柴油发动机"哗啦哗啦"的隆隆噪声，是对鳄鱼最有效的警告，于是它们闻声隐身水底难见踪影，而幼小的鳄鱼群，原本都躺在岸边晒太阳的，此时也应声稀里哗啦地逃进水中。那场面实在令人感到有趣。

6. 海洋水母：模糊清晰难捉摸

还有一些对巴拿马动物的记忆，其中印象既模糊又清晰的，当属我在博卡斯的科隆岛看到的水母（Jellyfish）了。

→闪烁的水影中，一只水母正在幻舞。

由于跳板下有阴影，我起初并未发现海水里布满水母。是担任翻译的小伙子首先发现并惊叫出来，看来他也是首次发现。我低头细看，这些水母的颜色几乎透明，不细看还真难以发现。

这里的水母比较密集，一平方米面积有二三十只。每只水母都正在轻慢地游动着，它的圆形伞状体内，均可隐约看到呈四方形的半透明腺体，水母正是通过这种腺体放出一氧化碳，以使伞状体自如地膨胀或收缩。

为我的快艇掌舵的年轻人，恰好是当地的一名大学生，对水母的知识略有所知。他告诉我，水母是无脊椎动物，属于腔肠动物门中的一员，在全世界海洋中的品种超过200种。

↑ 闪烁的水影中，一条条的鱼儿不断穿梭游弋。

而我们在这片海域所见的水母具有一个特点，那就是在风平浪静的大好晴天，水母们会安然自得地漂浮在水表缓缓游弋；但遭遇敌害或者大风暴时候，它就会将伞状物内的气体快速放掉，立即沉入海底以求自保。直至海面平静后，它只需几分钟就又可以生产出气体，让自己重新膨胀并漂浮起来。

我仔细观察这些水母，但见其触手中间的细柄上有一个小球。水手介绍道，这小球里面有一粒小小的听石，它是水母的“耳朵”。由海浪和空气摩擦而产生的次声波冲击听石，刺激着周围的神经感受器，使水母在风暴来临之前的十几个小时就能够得到信息，从海面一下子全部消失。

↓ 牛口省科隆岛的沙巴提亚沙洲的脚岛，是众多动物的栖身之地。各色彩蝶是常见的昆虫。

科学家们曾经模拟这种水母的声波发送器官做试验，结果发现这种功能果然厉害！它能在15小时之前就测知海洋风暴的信息。

这位年轻水手说，水母没有呼吸器官与循环系统，只有原始的消化器官，所以捕获的食物必须立即在腔肠内消化吸收。它们的寿命大多只有几个星期，也有活到一年左右。只有些深海的水母才可存活得稍长些。

听说如此，我对眼下的水母不免心存恻隐之心。

不过，生命的长短只是一个概念而已。

能够完整度过一生，其无论长短，都是福分！

↑ 附近水域有成群的海豚相互追逐。

7. 动物天堂"脚岛"，藏有哥伦布的"洗金池"

我乘坐快艇，前往牛口省最大海岛科隆岛。63 岁的加布里和他英俊的儿子，是快艇的水手。

快艇在湛蓝色的海面破浪疾驰。

忽然，海面上一只只黑色的海豚，破浪跃出水面。这些海豚，或一只，或一群，动作欢快地在半空翻着筋斗，划出一道道美丽的弧线，然后"哗"地落入水中，溅起大片洁白的浪花。优美的海豚跳跃画面四下绽放，十分壮观。

加布里指着这片水域说："这就是著名的海豚湾。海豚最喜欢在这里跃出水面。"

很快，船头驶向一片浅滩和滩涂，滩上长满大片红红的树林。

↓ 牛口省科隆岛的沙巴提亚沙洲的脚岛，是众多水鸟的栖身之地。

红树是离海最近的树木。它们通常生长于陆地与海洋交界带的滩涂浅滩上，是陆地向海岸过度的特殊生态系统。在深圳和澳门等地，我曾见过这种树林。

船夫又提醒我注意远方的海平面。那里有两座灰蓝色的小岛隐隐出现，随着快艇的加速，我们距岛越来越近。

加布里指着两座小岛发问："您觉得那岛像个什么？"

"像脚丫子？"

我看那两只岛的地势平缓，一边低一边高，远看真像一双赤脚的脚面。

"答对了！"

↑ 牛口省科隆岛的沙巴提亚沙洲的脚岛，是众多小鸟的栖身之地。

加布里兴奋地笑着说："它们真的就叫脚岛呢。知道吗？这可是大名鼎鼎的哥伦布亲自取的名字！"

说着，加布里还饶有兴趣地为我写下它们的西班牙语名字"Isla Bastiment"。

原来，发现新大陆的伟大探险家哥伦布，自1492年起在三次美洲大发现的航行中，曾到达过大安的列斯群岛、小安的列斯群岛、加勒比海岸和中美洲，并宣布它们为西班牙帝国的领地。其中就在第三次大航海时抵达这处海湾。哥伦布还亲自为这两座状似赤脚的小岛取名为"脚岛"。此名一直延续至今。

脚岛一左一右，形态都像脚。我们的快艇先泊于其中一座岛，因为这里已是开发成熟的旅游胜地。然后我们去向另一座岛。

在第一座脚岛上，豢养着数量惊人的海龟、玳瑁，还建有供游人观赏的鳄鱼、蜥蜴养殖区域。

一批水生和野生动物，在岛上安全地生活着。

我们去了海龟保护区域。一位专事动植物保护的男子向我介绍道：

↓ 各色彩蝶漫天纷飞。

“这座脚岛占地1.1万英亩。由于外来游客容易对海龟产卵造成惊扰，因此我主要的工作就是保护海龟顺利上岸产卵，并照顾小海龟得以安全地孵化。”

这位环保人士说：“两只脚岛地盘不大，但野生动物种类繁多。我们所在海洋盛产大龙虾和珊瑚，特别是珍稀的红色珊瑚。岛上有树懒、吼猴，还有蛇类、箭毒蛙等自然出没。这些动物都得到了很好的保护。”

我对这位先生甘于远离大陆，孤独工作于岛上很是感佩，于是与他多聊了几句。

“我叫雅各布·史密斯（Jacobo Smith），今年41岁，担任牛口省海洋国家森林保护区的管理员。”他自我介绍着。

说着，史密斯把我带到一处标识牌前，指着图案说：

“巴拿马现有国家级自然生态保护区114处，两座脚岛是其中之一。我曾在市政府工作，自愿来岛上担任管理员已有1年多了。岛上的工作人员平时仅我一人，我在这里连续工作8天，然后下岛休息8天。在岛上，我的工作并不轻松。每到旅游旺季，上岛的各国游客数量众多，日均600人到700人，最多时超过1000人。因此，我

得时时关注和制止游客人做些不利于生态环保的事情。”

史密斯说着，又带我走向岛的中心地段。

在绿树深处，一座被挖得又深又大的地坑赫然在目。那黑乎乎的坑底，积有一潭深水；坑边还留有早已生锈残损的金属构架。

“这是哥伦布在第三次探险期间，来到这座岛歇脚时所建造的洗金池遗址。”

他说，哥伦布来这座岛时，因乘坐的船叫“卡德内罗”，于是命名此岛为“卡德内罗岛”；而另一座脚岛也以船名而被命名为“巴斯蒂·曼多岛”。

目睹着如此原汁原味的哥伦布遗迹，我想象着人类历史上这位最伟大的探险家，当年简直是视浩瀚的太平洋和大西洋为平川坦途。

我不禁回忆起自己这么些年来在美洲多次旅行的见闻。从北美、中美、加勒比地区直至南美诸国，我所停留的每一个国度，无处不有哥伦布的历史遗迹和传说。

而这座隐匿在海洋那座小岛深处的“洗金池”，乃是我见过的哥伦布最为原始真实的“业绩”所在。■

↓一头巨鲸与游轮嬉戏。（巴拿马国家旅游部供图）

牛口省科隆岛的沙巴提亚沙洲的脚岛，是众多动物的栖身之地。附近水域，甚至会有鲸造访。(巴拿马国家旅游部供图)

二、火山下，一嘟噜一嘟噜的咖啡豆

若深入感知巴拿马，不仅要逛足首都巴拿马城，还应去它的海洋和森林，了解它的主要物产，比如咖啡的种植制作，比如菠萝的栽培……这样才可能比较完整地知晓体验到这个国家。

在巴拿马国家旅游部的安排下，我乘坐巴拿马国航的小型飞机，先从首都往返于最西部的奇里基省，又从首都

↓巴拿马西部奇里基省芬卡·雷利达咖啡种植园。

往返于西南部牛口省的科隆岛。

说说在奇里基省的见识吧。

这里有座与省同名的“奇里基火山”，即著名的“巴鲁火山”。这是巴拿马最大的熄火山。它的主峰为塔拉曼卡峰，海拔3477米，是巴拿马全国最高峰。

在火山塔拉曼卡峰的南麓和西麓，拥有大片柑橘林和咖啡园。咖啡庄园声名远播。于是我用了一整天的时间，深入探访了号称全巴拿马最出名咖啡的产地——雷利达咖啡园（La Finca Lerida）。

一大清早，我就从奇里基省省会大卫市出发。

天气真的不错，空气清新，阳光明媚。远处那座著名的火山巍然耸立，宛若巨型纪念碑。环绕它的绿色山峦多有云黛为衬，“之”字形的柏油国道路况甚好，更有一位彬彬有礼的司机，令我对当日出行的感觉奇佳。

↑巴拿马西部奇里基省芬卡·雷利达咖啡种植园的招贴画。

奇里基省旅游局派出导游兼司机赫兰多·A. 格拉（Gerado A. Guerra），三十来岁，性格开朗活泼，是个性情中人。一路上我们谈笑甚欢。当他得知我来此地的目的，是为在中国出版第一本中国人写巴拿马的书，于是格外兴奋。在一个多小时的车程中，他恨不得把自己所知道的情况全告诉我才好。

更令人高兴的是，格拉还是一名摄影爱好者。一路上只要我发现美景突然喊停车时，他不仅必停无误，还会下车共同拍摄。格拉还会不厌其烦地照些我在镜头内的照片。巧的是，他使用着与我同款的苹果手机，更常主动地教我使用陌生的功能键。我常常会在不经意时，感受到这小哥们的诚意与友情。

沿着蜿蜒的山道，我们驶入雷利达咖啡庄园。

老远，就发现进入一处优美且修葺得十分精致的植物园。这里处处花团锦簇，小径被绿色环绕，身边青翠茂密的林木，令我一下子就回忆起在牙买加蓝山咖啡园时，也有类似的感受。此处相像之甚形同姊妹。

这家咖啡庄园得知有中国作家来访十分欢迎，特派公关主管罗兰多·瓦加斯（Rolawdo Vargas）出面接待。

这是一位四十多岁、身躯强壮的男子。他驾驶一辆游

作者正在巴拿马西部奇里基省芬卡·雷利达咖啡种植园拍摄。（林圣融摄）

工人们正在筛选咖啡豆。

园电动小车，送我到山上的咖啡园实地观赏。我在一望无际的咖啡庄园里，发现基本成熟的咖啡豆中，主要颜色为一黄一红两种，分别为非洲和美洲品种。瓦加斯提示：“两者咖啡的味道截然不同。”

这位公关先生还带我在加工厂的楼上楼下到处转悠，并请正在劳作的工人停下手上的操作，摆布着让我摄影。我观察到，现场生产的工人并不多。他解释说，庄园多招聘季节工，而现在正是淡季无须雇更多人。

他带我去了办公楼。桌上，是已经延续近百年的滤泡咖啡的老式铜质器皿。此人亲自操作，很快为我滤泡出七八杯不同品种的咖啡，然后一杯杯地让我尝试，同时详细讲解每一杯的微妙区别。

我有点诚惶诚恐地端起每只小杯，用小勺盛出细细地各抿一小口，生怕品不出个中细微差别而露怯。

瓦加斯说，他还是第一次对一名中国人讲述庄园的故事呢，因而脸上洋溢着兴奋。

随之而来的，是他不仅热情更是细腻入微且不知疲倦的诉说。其中不乏许多专业术语。看来，他是要把整个咖啡园的故事原原本本、仔仔细细地向我和盘托出啊。

我起初挺高兴的，平素哪能遇到这般机会？

这位可爱的公关先生大约是把我当作咖啡制作的技术专家了，我微笑地盯着他那极为诚恳却又快速翻飞的嘴唇。

以下便是瓦加斯先生讲述的概要。专业性确实强了点，但有助于中国读者了解加勒比山林深处的咖啡庄园——

1901年，一个名为多雷夫·巴克·莫里恰（Tollef Baked Moniche）的西班牙人，从西班牙的雷利达省移民来到这里。1924年，此人以自己的家乡雷利达为名，创立并开垦了这处咖啡庄园。他当然就是第一位咖啡庄园主了。

自莫里恰先生兴建这座庄园至今，经过近百年的努力，雷利达庄园的咖啡已经是巴拿马全国最好的咖啡，并在全球成为巴拿马咖啡的代表性品牌。

我们的咖啡名为“奇里基咖啡”。奇里基是我们的省名。2011年、2014年，奇里基咖啡在巴拿马咖啡评比中，两次荣膺全国冠军。评委给我们夺冠的理由是：奇里基咖啡香味非常浓郁，不仅口感微甜，还含有丝丝水果香味。

奇里基咖啡的质量之优，要拜山林土壤非常适合咖啡种植，加之气候适宜空气湿润所赐。

这片土地的咖啡品种，以前多来自我们的西部近邻国家哥伦比亚。1963年，当我们从埃塞俄比亚引进良种后，即大部分改种了埃塞俄比亚树种。在后期加工时，我们加强对咖啡豆加工制作的工艺改良。通过不间断地改造和发展，奇里基咖啡终于既能保持较高产量，又能维持稳定的质量。预计在2017年，我们的一级品将会达到4%以上。这在咖啡行业中，当数优等业绩了。

↑↓ 巴拿马西部奇里基省芬卡·雷利达咖啡种植园内不同品种的咖啡果。

奇里基咖啡很早就走出了巴拿马国门。1929年我们首次对外出口，当年就卖给了德国930公斤咖啡豆。

现在，我们的咖啡豆95%以上外销，主要出口地为日本、中国台湾地区、韩国、澳大利亚、新西兰、法国、德国和美国等。其中我有一款我们取名为日本“艺伎”（当然它们与真的艺伎全然无关啊），因为这款咖啡含有神秘的茶叶清香，在日本深受欢迎。

您问我们现在的种植面积和产量？

咖啡园现有150公顷，年产量为9万公斤！

由于我们这个咖啡品种以外销为主，在巴拿马本国仅设有两家门店，一间就在我们的庄园内；另一家设在省会大卫市的机场免税店。我们坚信，好货不怕别人不买呢。多少年来，我们只愁货源不足，从来还没愁过买家呢……

告别庄园前，我特地找到门口那家著名的专卖店（像个小卖部），买下两小包“奇里基咖啡”。每包100克要25美元呢，稍微有点儿贵，不是吗？

回国后，我立即拆包并滤制了一杯，然后坐在沙发上悠悠地品味。感觉好像还不错！就是数量少了点，不禁喝。■

巴拿马可谓植物生长的天堂。

阳光灿烂，雨水充沛。巴拿马的菠萝园一片茁壮景象。

三、开怀菠萝园，闻香品佳果

↑难得一见的菠萝花。

吃个菠萝，如今不算啥事了。

但您在菠萝园品尝过刚采摘的鲜美菠萝吗？

我就品尝过！

这菠萝园在巴拿马城副都佐里拉（Chorrera）市的郊外。那是一眼望不到边的原野。密密麻麻的金黄菠萝，躲藏于剑麻状的叶丛之中似隐似现，好似与人捉迷藏。

旅巴侨领罗银洲、何文生、麦杞佳、张俊华、钟其辉等朋友带着我，从佐里拉市的赤溪同乡会出发，驱车驶向一片原野。那里，是无际无涯的菠萝种植园。

褐色狭窄的车道，蜿蜒伸向原野尽头。

整个原野的颜色是绿的基调，但有些异样。那种绿色，既不像粮食作物泛青时令人喜悦的碧绿，也不像农作物即将丰收时的橙绿相间的饱满黄绿，而是少见的一种带有工艺涂料感觉的灰绿。不过，这片灰绿灰绿的原野，起伏蜿蜒，坦荡铺陈，放眼望去，虽然说不上是绿油油，但绝对是郁郁葱葱的满目葱茏。

很快，我们进入一片茂盛的菠萝园的中央。

天，蓝蓝的；几丝淡淡的云彩，将苍穹衬映得那般深邃。空气中，弥漫着菠萝特有的甜美芳香。

在如剑似蔟、硬邦邦的菠萝叶丛之中，一只只金黄色大圆菠萝，正远远近近、数不胜数地从叶峰中伸头探脑，躲躲闪闪地显露芳颜。

我在这里，不仅看到浑圆的大菠萝，更看到平素极难一睹的菠萝花。

菠萝花是重瓣紫色大花。它的花瓣是由一簇一簇小的紫色花朵团团相围组成一朵大花；而中心花蕊，则是未来金黄色大菠萝的雏形。

菠萝花不够艳丽，也不够娇嫩；用手触摸花瓣，甚至还有些硬硬的感觉，仿佛摸到了菠萝的表皮。

但是，菠萝花依然保持着鲜花初绽时的惊艳与昂扬，依然拥有一切花朵面对骄阳时的欣喜若狂和满心欢悦。

一句话，菠萝花似花非花。它有着与出鞘之剑一般的叶、饱满如雷一般的果那样的品格。那就是意志力量的坚忍不拔和在百花园中争奇斗艳的充足自信。

站立于这片原野，欣赏着美丽的菠萝花，嗅着甜美迷人的菠萝香，我忽地觉得，怎么整个人都爽得快没边了！

友人非常细心，早已请来工人为我们砍下最大的一批菠萝，并在现场"唰唰"地削皮，将绿黄色的肉一块块地切出，再递上叉子，要我们立即品尝。

↑巴拿马佐里拉市郊区的菠萝园，面积广，产量大，品种质量好，收获的菠萝可供巴拿马全国市场的需求。

↓种植园工人正在装运成熟菠萝。

→作者正在拍摄菠萝的特写镜头。（罗银洲摄）

我叉住一块菠萝肉送入嘴中，啊，那个清甜、那个醇香啊，那个汁液漫溢的感觉啊，至今实难忘怀！

罗银洲老先生是一位德高望重的华人侨领。他处世周全，待人亲切，很受旅巴华人的敬重。他其实一直在注视着我对菠萝园，特别是品尝菠萝以后的反应。见我开心地赞不绝口，罗先生连忙说道："余先生，巴拿马的菠萝和您在国内吃过的不一样。这里是世界最优品种，个头大，味道极甜，而且香气袭人！"

↓巴拿马佐里拉市郊区的菠萝园，面积广，产量大，品种质量好，收获的菠萝可供巴拿马全国市场的需求。

我当然完全认同他的评价。

我蹲下身，尝试着自己动手采下一只。菠萝浑身布满尖角，挺刺手的，我于是小心翼翼地捏着它的结蒂部位用力拽拉。谁知无论怎样拉，它却纹丝不动。

"菠萝是拽不下来的，得用刀砍！"

罗银洲先生提示着我，同时接过身边农民手中的砍刀，对准一只菠萝的结蒂猛然砍下，"扑通"，这只圆圆滚滚的金黄大菠萝应声落地，滚到我的脚边。

一个响亮的声音突然传来——

"这处庄园菠萝的质量，公认为全巴拿马最好，在世界上也被誉为最好的菠萝之一。我们每年都有极好的收成，大部分出口到美国。"

说话者正是这座庄园的主人。只见他是面庞黝黑、戴有镶黑白细花巴拿马草帽的大汉。他与在场的华人显然早已熟识，并已快速辨认出我一人乃是来客，于是边“哈哈”地爽朗大笑边上前与我握手寒暄。

这位身材壮实魁梧的庄园主名铎灵多（Dorindo），五十多岁。他着黑色T恤和迷彩图案军裤，像是刚刚退役的军人。

↑ 庄园主人向作者讲述菠萝不同品种的区别。

“您曾经是一名军人？”我问道。

“我曾是巴拿马国家军队中的一名上士。退役后从事菠萝种植也有十多年了。”

他笑呵呵地回答我，弯腰从田头拔起两株矮小的菠萝苗，一株递给我看，同时指着自己手中的那株说：

“我们这里的气候和土壤条件非常适合菠萝生长，因此这里的菠萝质量优良，在巴拿马全国非常受欢迎。我们比较注重从美国、阿根廷和巴西引进最好的菠萝品种，经常对这里的菠萝品种进行改良。”

铎灵多接着介绍：“我们曾经尝试过将这里的菠萝运送到亚洲，但毕竟路途太过遥远，保鲜成本太高。我期待有更适宜的远洋货轮，能够以冷藏方式把这种好菠萝送到亚洲，特别是要送到你们中国！”

说着，他拽起我的手，用力摇了起来。

我感觉，铎灵多那摇手的力度，咋那么像我刚才摇晃着摘菠萝？■

第五章

两入深山，探访印第安人原始部落

一、激烈抗争后，获政府划定原住民保护区

↑巴拿马印第安库纳部落的原住民，居住在与城市山水相隔的深山老林。那里不通公路，必须乘印第安人自己的独木舟方可进入。

印第安人的双脚，左踏原始部落，右踩现代文明。

——题记

想象中土著的印第安人，肯定是羽毛为冠、赤身裸体……

我见到的巴拿马丛林里的印第安人，男人和女人大多用小块布遮住了敏感部位。

而儿童，以及所有的老妇人，则全然就是直接赤裸上身了。

我曾两次乘独木舟进入狭长蜿蜒的水道，上岸后再登山，直至找到深山里两处不同的印第安人部落。

有趣的是，这两个不同部落的名字都叫“库纳村”。

原来，这些印第安人同属于中部美洲印第安人重要分支——库纳部落！为图省事，他们的村庄也就都叫作“库纳”了。

位于巴拿马西北部的查格雷斯河流域，是库纳部落在巴拿马印第安人中最大分支恩伯拉（Embera）族人的主要定居点。

1984年10月，巴拿马政府把他们定居的查格雷斯河流域划定为国家森林公园保护区，其区域面积12.9万公顷，是巴拿马最大和最重要的自然保护区。

但此举使得祖祖辈辈生活繁衍于此，终生以种植、捕鱼和放牧、狩猎为生的印第安人陷入困境——根据法律，他们在国家森林公园，是不允许从事原始的农牧渔猎活动的。这样，印第安人将赖何生存？

巴拿马印第安库纳部落，脸上文有图案者是刚结婚的新妇。

↓ 巴拿马的自然风光优美旖旎。

↑巴拿马印第安库纳部落的原住民，正在起舞“白面猴舞”和“蝴蝶舞”，以祈求部落的好运。

↑ 印第安人自制的运动场地。

于是，忍无可忍的印第安人，终于涌向首都巴拿马城的中心街头，向政府持续猛烈地示威抗议。

听到这种情形，我立即回忆起在墨西哥时，多次见过这个国家的印第安人聚集在墨西哥城的中心广场示威游行的情景。由于在那里举办示威的次数较为频繁，弄得它几乎要成为首都中心的一个不定期出现的“旅游景点”，吸引外国游客饶有兴趣地前去围观——至少我就去那里多次拍过照，因为示威者中常有头戴典型的印第安羽毛大冠的、脸膛红黑粗糙的土著原住民，他们的形象平时还不太容易看到呢。

在巴拿马城，这批坐在马路中央示威的原住民们中，偶尔也会出现没穿或穿着较少的赤裸身体者。一度历史性地瘫痪了巴拿马城中心地段的繁忙交通。但是，如今这种场面已极少能见到了。

↓ 巴拿马印第安库纳部落的原住民，正在起舞“巴利巴里”，意在祈求苍鹰给部落带来美好的一天。

↑巴拿马印第安库纳部落的原住民，正在四壁透风的茅棚内接待远道的访客。

被逼无奈的巴拿马政府，只得绞尽脑汁想出良招。

终于，国家旅游部新政策出台：将查格雷斯河流域的印第安原始部落开发成为国家级印第安人土著部落旅游景点，由国家有计划地组织外国游客来此观光。

自此，较为丰厚的旅游业收入，一举成为印第安土著原住民的主要经济来源，甚至超出他们当初从事农牧渔业收入总和的许多倍。印第安人的生活由此改善。

而且，这批恩伯拉人对外界的恐惧和隔膜，也由此减轻了许多。

“恩伯拉”在印第安土语中意为“好人”“好朋友”。这里的恩伯拉人，正通过从原始过渡到现代的新的生活方式，在同大自然的和谐共处中，成为保护大自然并接受大自然恩赐的“好朋友”。

我两次造访的印第安人部落的库纳村，是坐落在查格雷斯河流域的不同村寨。在那里，我切身感受到别样的原始与土著文明的魅力。■

二、尖利呼哨声，唤出黑色“老朋友”

一叶扁舟，长长的，窄窄的，独自穿行在巴拿马中东部的查格雷斯河道。舟后，划出细长一溜的白色波痕。

我的目的地，是去寻访掩映在原始丛林深处的巴拿马土著印第安人中的分支恩伯拉族原住民部落——库纳村落。此刻的我上身被套上一件鼓鼓的救生坎肩，端坐船体中后部位，忍不住地东张西望。

↓ 进出印第安原住民深山部落必须乘坐这样的独木舟。

↑一声呼哨，一只野生白面长臂猿猴飞快钻出。印第安人居住在与城市山水相隔的深山老林，猿猴是值得信赖的好朋友。

船头，伫立着一位五十多岁的船夫。他精瘦黝黑，腰下是用精致的彩色细珠编织而成的紧臀套裙。只见他正娴熟地用细长撑杆，忽左忽右地点插于两侧水间。

船行的速度很快。狭窄水道两侧，常有一群一群幼小的鳄鱼闻声惊惶落水逃窜，更有许多叫不出名的、颜色奇异的鸟儿从林中惊飞而起。

老远，几声尖利的猿啼，从林子深处钻出，仿佛阵阵裂帛之声飘荡在湛蓝无云的高空……

“我想向您引见一位老朋友，同意吗？”

船夫边问我，边将船头缓缓滑近树林。

我当然同意。于是睁大眼睛，等待林子里钻出的那位印第安人朋友。

只见船夫将指头塞进嘴里，发出一声尖脆锐利的哨音。然后稳定船首候立眺望。

少顷，一声尖脆的吼叫声从远处传来，少顷，林木“簌簌”响起。突然，一只纯黑的长臂吼猴“呼”地蹿出，一下子就跳到离船头最近的枝丫上。

↑印第安老船工撑着独木舟进入深山部落。当独木舟驶入丛林河口时，船工一声呼哨，他的好朋友黑色长臂猿跳了出来……(林圣融摄)

船夫看着吼猴，嘴里发出有节奏的轻声呼唤，同时向它伸出右臂。

那猴儿不仅没有回避，居然将长长的尾巴缠吊在树丫上，然后将四肢亲热地朝船夫伸了过来，并像人类握手一样地，与船夫热烈地相握相牵。

这只野生吼猴，竟与人类这般友好！

我忍俊不禁地趋前也想与吼猴儿握握手。但它被吓得一退老远，滴溜溜的两只晶亮眼睛直盯着我，颇为警觉地回避着。

船夫见状，连忙弯身从船头掏出一些食物递上。

吼猴儿连忙接过食物，一口塞进嘴里，然后继续

↓巴拿马印第安部落的船工，端坐船头，寂寞怀想。

伸手……

我们全都笑了。

告别吼猴，独木舟继续前行。

我两次寻访土著部落都是乘坐细长的独木舟，并都是由印第安船夫前后撑船掌舵，并沿着查格雷斯河支流上的细弯河道，单程行进长达一个多小时，才得以进入不同的土著部落。

只是，两次的独木舟并不相同。

一次是真正意义上的独木舟。它用粗而长的整段树干凿刻而成，长五米，宽一米，周身洋溢着古老的传统之美；

另一次乃现代的玻璃钢质地，外层涂过仿木质颜色的油漆而已。

两种独木舟都有共同的现代社会痕迹，即尾部都安装有柴油驱动桨，一路噪声隆隆，在静谧的丛林倍显喧嚣。这令我在还未抵达土著部落前，就感受到现代文明对这一古老族群的文化袭扰。

我不由得回忆起在巴西玛瑙斯丛林的亚马逊河面，以及在阿根廷巴拉那三角洲的河面所乘坐过的柴油发动机船只。原本极富诗意的优美景色，以及可能带来的万千思绪，硬是被机器轰鸣与刺鼻柴油所惊扰。

好在待我抵达土著部落时，刚才轰鸣声的不快，立即忘得干干净净，如同水洗了一般。

老远，一片宽阔的水面呈现眼前，浓绿茂密的山峦，成为衬映水面的绝色背景版。绿荫深处，掩映着一幢幢褐灰色的、用草搭起的伞状圆形寮篷。这就是我要造访的、巴拿马印第安人的土著部落。

这部落选择的地点太过优美！

我不禁赞叹：青山、绿水、蓝天、高树、鲜花……处处凸显着原始、淳朴，几乎找不到被现代文明的再造所戕害的自然形态，简直是世外桃源！

我难以想象，这片土著部落居然距离世界知名都市巴拿马城仅百十公里。在这些生态完好的密林之中，竟会隐藏着这般与现代社会基本隔绝的、“不食人间烟火”的原始天地。■

↑↓ 印第安老船工撑着独木舟进入深山部落。当独木舟驶入丛林河口时，船工一声呼哨，他的好朋友黑色长臂猿跳了出来……

↑印第安老船工撑着独木舟进入深山部落。当独木舟驶入丛林河口时，船工一声呼哨，他的好朋友黑色长臂猿跳了出来……

与“老友”长臂猿打过招呼后，这位印第安船工的情绪顿时欢愉起来。

一位印第安女性在独木舟上。

三、裸着上身的印第安老妇人

↑ 迎接作者的这位几乎全裸的小帅哥巴西里奥·曼巴策尔（右二），竟是一位大学毕业生。他搂着的是3岁的儿子。

↑ 巴拿马印第安库纳部落的原住民，居住在与城市山水相隔的深山老林。那里不通公路，必须乘印第安人自己的独木舟方可进入。

2016年5月9日。一个气温舒适、阳光灿烂的上午。

我在旅巴华人何文生、邱文林、江雄铜、张雪云等朋友的热情陪伴下，分乘两艘独木舟进入名为“库纳村”的印第安原住民的部落。

库纳村坐落在宁静湖面岸边缓坡上。陆地上草木繁茂葱茏，高挑的椰树参差错落，一看即知是绝好的栖息之地。

四位二三十岁的印第安原住民小伙子，早已在简陋的“码头”迎候我们。这些小伙子赤身裸体，仅在腰间用细绳系着一块软布在裆部前后相绕以遮羞。“这布条叫‘瓦尤古’。”一个小伙子说。从装束来看，他们不用遮羞布的赤裸时代似乎并不遥远。

这里的人是否进入现代社会，眼下这块薄薄窄窄的遮羞布，似乎就是分水岭。

出面相迎的小伙子们，相貌都比较耐看，其中有位牵着幼子的小伙子，相貌相对更为周正。他的西班牙语比较地道，仪态与谈吐，与周边浓浓的原始生活环境，特别是与他裆部系着的那块遮羞布，颇有些违和感。（我很快得知，自己的第一感是准确的！）

当这些原住民弄清我将是倾听他们情况的主要人物以后，便热情地将我介绍给村落里的全部男男女女，欢迎我随意出入高脚屋草寮，并与他们中的任何人自由交谈。

眼前这群土著印第安人，从孩子到老妪共有二十多位，而白发老汉只见到过一位，后得知他是酋长。

这些原住民身材普遍不高且丰满，长相有着印第安人的重要特点，即脸庞宽大、眼裂细长，皮肤红中透着褐色。他们此前早有接待外来旅游者的经历，对于我们的到来泰然自若，并无惊讶。村里的男士大都外出狩猎干活了。我们见到的，多为女性和孩子，以及少数专事接待旅游观光者而留守的男士。

这里的女性虽然也是裸体，但都穿戴着用彩珠密密织就的、图案为菱形的胸衣和短裙，并用此恰到好处地掩饰着重点部位。

有些女人的脖子上挂着用串珠和金属亮片做成的大大项链。所有女性都头戴彩色花环，大红色花朵中心是黄色的花蕊。我仔细辨认，发现多为天然的深红木槿花，个别人戴着人造花。

几位年迈的老妇人，脸上写满了“沧桑”二字，都是坦然无忌地裸露上身。她们的年龄至少七十以上，阅尽人间冷暖的眼睛露出淡然的目光。

我注视着老龄女性们脸上那纵横交错的褐黑色刻纹，努力想象着，如果倒退回几十年，在她们的青春年少之时，眼前这些老妪肯定也是风姿绰约的美少女！我不禁联想起法国雕塑家奥古斯特·罗丹的著名雕塑《老妇人》，眼前老妇人简直与雕塑中的人物一模一样！

在恩伯拉人的部落里，随处可见四下乱跑的孩子。这些小孩儿的身体状况看起来都还不错，这大约与此处为政府开发的旅游景点有关。

我记得，联合国儿童基金会驻拉美地区总代表伯恩特·奥森在接受新华社记者采访时曾说过：“在拉丁美洲，80%的印第安原住民儿童生活在贫困当中。”

眼前的孩子，大约属于那20%的幸运儿吧。

想象在那些深山老林真正无人问津的印第安部落里，孩子们肯定没有这般幸运。■

↑ 印第安老年女性习惯裸露上身。

↑ 印第安老年女性习惯裸露上身。

居住于茅棚内的印第安人正向客人热情打招呼。

↑巴拿马印第安库纳部落的原住民居住在吊脚木楼上，一段木头凿出阶梯即为楼梯。

四、赤足欢舞扮动物，巨喙大鸟当哨兵

↑ 巨喙大鸟成为印第安人的居家哨兵。(林圣融摄)

进村不久，我们就被一大群年轻的恩伯拉女子围住。他们身材丰满，面庞圆润，笑盈盈的脸上，绽放着令人愉快的轻松和单纯。每个女孩都头戴花环，穿戴着彩珠编织的胸衣与包臀短裙，上面的菱形图案五色斑斓。

我与老少土著原住民交谈，全靠江雄铜用流利的西班牙语帮助翻译。

这里的印第安原住民人，除了老妇人只说土语外，人们大多都会说巴拿马的国语西班牙语。他们谈话时音量轻而低，相互交谈中总是低下头，不习惯与我们双目对视。这些人的气质温和敦厚，但也难有多少发自内在的热忱。如果意识到拍照需要自己摆一个POSE时，他们通常会耐心地予以配合。

我和几位旅巴华人的到访，显然令这批恩伯拉人非常兴奋。因为这不仅带来外部世界的信息，同时也带来了经济上的收入。

只见她们欢笑着敲起椰子壳、竹筒和海龟壳，击打着小鼓，吹响一种呼哨类乐器，赤脚跳起了印第安舞蹈。

恩伯拉人的舞蹈有好几套。或单人，或群体，主题各异，但大多动作是简单的程式化表演，多为围着圆圈摆动双手、晃动身躯、嘴里念念有词地唱着，似乎有点类似中国湖北恩施土家族苗族自治州一带流行的“摆手舞”和“跳丧舞”。

此刻，我看到所有人正在朝外伸展双臂，弯腰低头绕圈跳着一种舞蹈，连忙打听这舞有何讲究？

原住民介绍，此乃印第安民族最为流行的、以模仿老鹰飞翔为特色的舞蹈，名为“巴利巴里”(Paripari)的“鹰之舞”。伸展双手是在模拟舒展的鹰翅，所唱的歌，则为祈求健康的“治愈之歌”。

“鹰之舞意在祈求老鹰为族群带来美好的一天！”

原住民继续表演舞蹈。动作多与模拟动物和昆虫有关，因此舞名分为“猴之舞”“白脸猴舞”“豹之舞”“蝴蝶舞”“山舞”“猎舞”……

印第安人所有的舞姿与歌唱，尽显土著恩伯拉人那纯朴、原始和虔诚的文化特色。

我在几位原住民的引领下，不断爬上他们居住的高脚木屋。这寮棚由几根粗大的木桩高高支撑，距地面至少两米以上。我想木屋之所以设置高脚，大约与防止老鼠蛇虫侵入有关。屋舍只有一层，四周没有密闭的墙体，而是到处敞露透亮，通风性能极好。屋顶由富于韧性的大片长形植物叶片叠加而成，叶片密集，足以防雨御风。

室内面积比较均等，几乎每一间屋舍，都在80平方米左右，既是卧室，也是厨房。全家老少几代同居一室，就在露着亮缝的木板地面滚地铺。他们的室内，我真的没有发现哪怕一件能被称之为“家具”的物件，地板上即是床

↑ 几名印第安儿童正在玩耍。

↓ 印第安人居住在水域那一边。

铺，上面零散摆放着简单的织物，室外晾挂着几件衣裳。

恩伯拉原住民部落的精致茅草屋内外，到处植满花草，人在美丽的大自然中，魅力击鼓跳舞唱歌，累了随时躺在处处可见的吊床休憩，日子格外惬意休闲。

在这些木屋旁，自然站立或蹦跳着几只自由放养的大小彩色鹦鹉。那大个的彩色鹦鹉，就是南美高原岩石上常见的大名鼎鼎的“金刚鹦鹉”。这鹦鹉中的“战斗机”，毛色红绿蓝白相间，极为艳丽夺目。且它的体形硕大，叫声极为嘹亮。

更为奇特的，是一只其喙巨大的大嘴鸟，居然像家养的公鸡一样，站立屋前，像一个称职的哨兵。

这些大嘴鸟和鹦鹉都是从小被豢养而长大的宠物，因而绝不会飞走，整天围绕木屋的主人献宠，动辄会站立于主人手臂之上，很受外国游客的喜爱，当为部落人见人爱的新贵。

此外，部落木屋周边，还种植着各式果树，也令外来者大为赞叹。这里的香蕉、芒果自不待言，因为太多、太普遍了。而木瓜、柑橘、甜瓜、菠萝、葡萄也比比皆是。特别是它高树上结的大芒果，簇簇丛丛，多得挤满大树，其个个色泽粉红，果实硕大，香气四溢，更加上它的水分极为充足，咬一口汁液喷溅，真是一辈子也忘不掉!

还有各种鲜花异草，也密密簇立在每一个角落竞相怒放。其中兰花品种极为丰富，色泽鲜艳，花型丰富多彩，令人目不暇接。

记得房前屋后到处可见一种蔓生或直立的草花，初见似乎不太起眼，仔细观察，发现这植物，似叶似花，叶片拥有粗硬或细柔的毛，叶面发皱，上呈铜绿色，背面紫色，十分具有生命感。问过原住民，说是叫“巴拿马冷水花”。果然名如其花!

看似冷水般的平淡无奇，实际上寓无限生命与活力于其中。

极为简陋的小木屋，包容着极为简单、但压力全无的印第安人家庭生活方式。■

五、识药即可当酋长，掌门方能打手机

↑阿里比欧·阿奇托老人是库纳部落的酋长，因为他会运用植物治病。

库纳部落有什么样的前世今生？

这群印第安人到底是怎样生活的？

几经打听，我总算找到了库纳部落的酋长，库纳村的最高领袖阿里比欧·阿奇托（Alipio Achito）。

须发皆白的阿奇托酋长七十多岁。此前他不知在什么地方一直没有露面；直至我们快要告别时，他才走了出来。

这酋长老远看去，是一位长相和身材都很普通的老者。没有我在南美亚马逊河流域所见的印第安酋长那般有范儿，头顶更没有戴那种有长长羽毛的威严头饰。但是，他因拥有一绝活儿而备受族群尊崇——他懂得用草药治病！

我此前曾读过的20世纪80年代的一篇论文，作者是苏联塔斯社常驻南美记者。他写道，在印第安部落，懂草药的土著医生，通常就是当然的酋长。

这位阿奇托医生兼酋长，一见面听说我是为了写书来这里采访，立马要求带我钻树林子，说是让我见识几样库纳特效的草药。初次见面，人家急于露上几手绝活儿，我岂能拒绝？当然兴冲冲地跟他朝前钻了。

酋长绕来绕去，熟练地找到一株高大的乔木，指指繁茂的树冠说："这是棵'达仁树'（音），它的根茎非常特别，是用于治疗高血压、糖尿病和胆固醇高的良药。如果村民有谁患有这些病痛，我就会来这里挖回一些根茎，煎水服用后，就会药到病除！"

酋长随后又带我去了林中不少地段，一会儿掰下一杆灌木上满是尖刺的刺尖，一会儿又牵动一条缠绕大树的长长粗藤，然后诉说着它们各自的药用功效……

我丝毫不怀疑酋长具有这种独特能耐。

在这片与世隔绝的天地，印第安人以“神农尝百草”的勇气自寻疗病良方，毋庸置疑乃是一种求生本能。

“当然，我们自己也只能治点小病小灾。大病如登革热、孕妇难产，我们也会立即送到外面的医院求医。”

我进一步向酋长了解库纳部落的情况。

“我们库纳部落是印第安人恩伯拉人分支，19年前（1997年）从巴拿马东北部与哥伦比亚相毗邻的达连省（Darlen）迁来的一小支族群。”酋长介绍说。

“我们先是被巴拿马政府安置到查格雷斯河流域，在那里定居了10年。但是随着查格雷斯流域被巴拿马政府确定为‘查格雷斯国家森林自然生态保护区’并逐渐保护起来以后，对我们原住民的限制越来越多——比如，不许我们在保护区内种植，甚至不许放牧和养殖。这使我们的农业生产受到极大限制，大家的生活顿时陷入非常困难的境地。我们不断地向政府抗议。9年前，政府只好再次将我们搬迁安置，并定居来到了这里。”

↑ 左一是酋长阿里比欧·阿奇托，部落的大小事情全都由他掌控负责。作者在这里的任何采访，都由他陪同。

↓ 阿里比欧·阿奇托老人（中）是库纳部落的酋长，因为他会运用植物治病。（江雄铜摄）

他接着说道：

“我们现在的居于地，距离首都巴拿马城仅一百多公里，但由于处于深山之中，基本上与世隔绝，可以说是闹中取静。

“加之这里山清水秀，十分僻静，平时没有什么外界的打扰，全体族人都能平静地生活。

“更重要的是，我们在这片土地可以自由地种植和放牧，生活来源从此有了着落。近几年，政府允许我们适当地接受外界访客，把我们的部落设为政府对外开展旅游接待的一个景点。这给我们带来重要的收入。我们的日子比原来要好过不少。”

阿里比欧·阿奇托先生语气平静，但表情愉悦。

我表示对部落内部的详情更感兴趣。

“你们使用电话或者手机吗？”

“我们这里没有安装电话，没有线路接到我们这里来呀。但我们整个部落拥有一

部手机，平时就放在我这里，一般没有怎么使用。因为村里信号不好，每次打电话，我得乘船到外边的公路边，那里才能接听。”

说着，酋长掏出一只灰色的小手机，是诺基亚的旧款式。

“我们手机对外联系的主要对象只有一个人，那是从部落走出的、现在巴拿马城谋生的一位族人，他是我们部落的旅游代表，平时也为部落原住民的求医、上学、购物什么的提供一些帮助。自从我们部落成为国家旅游部的定点旅游景点以后，外国游客每天都会来好几拨（作者注：我去的当天就有三拨，共三四十人），部落接待任务很重，通过手机联系旅游方面的事儿就越来越重要了。”

阿奇托酋长继续介绍：“我们这个部落不大，只有15个家庭，58口人。我这个酋长的当选，是得到全体族人拥戴而当上的。选举时，候选人站在前面，选民在自己中意的候选人的背后排队。谁的队伍长，谁就当选。每次，我身后的队伍都最长。”

说到这里，阿奇托有些得意地笑了。

六、裸身英俊小帅哥，竟是一位大学生

↑小帅哥巴西里奥·曼巴策尔到底是大学生。他为部落引进先进的光伏产品太阳能板。现代社会的时髦生活方式，正悄然改变着印第安部落传统封闭的生存状态。

刚才牵幼儿迎接我的那位年轻父亲走了过来。此人个头不高，体形微胖，不像我在南美亚马逊丛林所见的印第安人那般，因为整天在山林奔突，肌肉条块分明，特别是臀部，有着年轻人才有的那种饱满，还有优美的弧形曲线。

此人顺溜的西班牙语，使自己顺理成章地成为导游者。我们连忙将特意带来的一大包糕点糖果作为礼物送给了他。

我直觉此人的眼神里颇有内容。于是问起他的名字。

“巴西里奥·曼巴策尔。”他答。

“能写出来吗？”

“当然。”他接过我的笔，潦草地写出“Bacilio Membache”。

一看字，我立即断定他受过正规教育。一问，果然！他是一个大专生呢！

“我毕业于巴拿马市立高等医学护理学院。今年28岁，妻子23岁，儿子3岁了。”

我的兴趣陡增，很想详尽了解他接受教育的情况。遗憾的是，曼巴策尔不太想说。

不过，他还是告诉了我，自己与老婆儿子眼下确实就定居在这座部落里。虽然这里没有电、没有通信、没有自来水，但这里有他的父老乡亲，有自小熟悉的文化，还有纯净无瑕的环境。因此他并不觉得读过大学后再回到这里有多少违和感。

“当然，每年在旅游淡季的时候，我便会去巴拿马城的诊所里担任男护士，那里可以赚到更多的钱来养家。以后儿子大了，我也会送他到城里读书。”

说着，他3岁的儿子跑过来，一把扑进爸爸的怀里。曼巴策尔连忙把手中的面包塞给儿子。孩子挺懂事，首先递到爸爸的嘴边。

显然，这位28岁的“隐士大学生”曼巴策尔，还有他的一家子，终究不是印第安古老部落的真正主人。他们迟早会告别这里的寮棚，融进曾经上过学的现代化城市里。

人类一旦被启蒙，就再也难于返璞归真了。现代文明，才是新一代印第安人的真正归宿。■

↑作者与小帅哥巴西里奥·曼巴策尔，和他3岁的儿子合影。

↓几乎全裸的小帅哥巴西里奥·曼巴策尔，撑着独木舟接作者进入部落。

帅哥巴西里奥·曼巴策尔3岁的小儿子，聪明活泼，十分可爱。

↑ 帅哥巴西里奥·曼巴策尔与3岁的儿子形影不离。

七、最美女郎20岁，梅察只能嫁族人

↑ 梅察是库纳部落最漂亮的女孩，平素与妈妈相依为伴。

在这些印第安原住民中，不时闪现着一位面庞俊美、身材匀称的女郎身影。她就是20岁的亚米内·梅察（Yamileth Mecher）。

在一处寮棚前，一个女孩让我伸出手臂，叫一只驯养的南美巨喙大嘴鸟站立臂上。我赶紧伸臂，谁知小家伙认生就是不肯跳上来，而是径直跳到另一印第安小伙子的手臂上。

见巨喙大嘴鸟那一副趾高气扬的样子，这位女孩不禁"咯咯"大笑起来。

我于是注意到她。梅察个头有一米六以上，是这个印第安部落里我见过的最美丽的女孩。她比较健谈，向我介绍了不少部落的情况。

"我是在1岁时随家人迁离达连省的。在查格雷斯流域住过10年后，再由政府安置随整个部落搬到今天这个地方。我的舅舅先于我们来到这里，他知道正好有户地主有空地出售，就介绍我们家买下来种地之用。"

她说，整个部落15个家庭全都落户于此。大家以种植为业，种些芒果、甘蔗，还有少量的咖啡和可可。收获后拿到城里出售，再换回生活用品以维持生计。

我问她："这里的儿童是如何接受教育的？"

梅察回答："部落里有一所的小学，有一位老师教从一年级到六年级的学生。"

"此外，小学毕业了的学生可以走出山寨之外到城市读书。巴拿马的法律规定，全国中小学的义务教育全部是免费的。因此现在部落除了你们已经见到的巴西里奥·曼巴策尔先生是大学毕业生外，另外两人也是毕业于科隆大学旅游管理专业的大学生。我们还有另外两个孩子，正寄宿在城里读中学。”

梅察说，她本人就正在城里读高中，下个月毕业后就准备考大学了。

我问她：“那你的高中是在哪儿读的？”

“就在这个部落。”她答。

“？”

我突然觉得有点蒙！

梅察解释道：“我去一趟学校可难啦，要先划40分钟独木舟顺流而下，再搭乘3小时长途车进城，中途还需多次换乘。因此，学校允许我这样的印第安学生用老师寄来的教材，平时在家里自学高中课程，每个月只去一次高中交作业。”

尽管印第安人受教育机会要少于大多数人，但我仍然感觉自己有幸掉到一个印第安人的“秀才窝”了！

因为，区区15户人家，居然先后已经出了三个大学生，眼看第四个准大学生梅察就要横空出世了！

“这么说来，巴拿马政府对你们印第安人的政策比较优惠啊？”

我认为，梅察肯定会对政府感恩。

“不！”出乎意料地，她的表情竟然有些愤慨。

“完全没有！”梅察斩钉截铁地否定道：

“政府对我们印第安人的照顾非常少！特殊的优惠政策基本没有！

“我们印第安人必须经常主动争取自己应得的权利，否则没有谁会特别地关照我们。比如，对于印第安儿童的健康筛查，政府从来就没有过问过。硬是靠我们自己反复地争取，现在才每年有一次健康筛查；每逢重大节日，政府也会给部落的儿童送来一些玩具和礼物。”

梅察说，他们部落最大的问题，就是长期没有自来水，甚至长期也没有储水装置，饮水全靠女性

从河中心水源洁净的区域打水并运送到村寨来。后来几位美国的旅游者主动帮助他们部落安装了水塔，这才初步解决了雨季净水储存的问题。“但我们仍然非常担心旱季饮水的缺乏。没有水，就没有可以进村的狭窄河道，独木舟就行驶不了，我们部落也就不能接待游客观光，这会大大减少我们的收入。”

她的话，使我记起乘坐独木舟所行进的那条狭窄水道。原来，那是部落里的印第安人为了能用独木舟运载游客入内，特地用人工开掘出的一条狭窄河道。

以前没有开发旅游景点前，这里的印第安人出入全都是爬山路穿丛林，条件要艰苦许多。

我们聊起了部落的婚姻。

“部落内部的青年男女基本不会通婚。即便年龄相仿，但一起长大的青年们彼此太熟悉了，相反难以擦出爱情火花。

“部落青年之间的爱情，需要外出活动作为机遇。青年人在部落与部落之间的相互走访，往往是婚姻的必要契机。一旦结婚，二人便必须稳定地在部落内生活，一般不会随便搬出部落之外。”

梅察还告诉我：“当然，非印第安恩伯拉民族的任何外族人，也断然不会落户于我们这个部落。印第安人是不与外族的人通婚的！”

眼前的这位女孩，看来很快就会在脸上文上一道道黑色图案。那是印第安部落女性已婚的标记。她自己的婚姻，也会受制于部落习俗，而必须找一个印第安的小伙子吗？

她一旦上了大学，还会回到这里吗？■

八、出入须乘独木舟，乡村教师谢上帝

↑47岁的女教师艾薇娅·劳伦斯，每天早出晚归前往印第安原住民深山部落小学校授课。她是一位具有奉献精神的“乡村女教师”。

在恩伯拉原住民的库纳部落里，我意外遇见一位值得尊敬的中年女性，她就是城里来的乡村小学教师、47岁的非洲裔女士艾薇娅·劳伦斯（Elvia Lawrence）。

当酋长告诉我，部落里还有一所“小学”时，我几乎有点不相信。因为这十来户人家，又是这般地与世隔绝，怎么会有小学？

酋长兴冲冲地说：“我带您去看看！”

我们爬上一座山坡，只见老远树林内有一间小小的草棚，里面影影绰绰地有些孩子的头影。

走近一看，这竟是我在世界各国从未见过的、最原始的小学教室。

它只是一间草棚，四周空荡荡的没有墙壁，只有两块黑板，还有十来张显然是从外面运来的坐写连体的课椅，棚子角落还放有几只抽屉小柜，柜子灰绿色的油漆业已脱落。但是，一块木板上悬挂着一幅世界地图，上面中国的图案呈醒目的黄色，十分抢眼。

草棚内的课椅上，坐着上十个年龄不等、个头参差的孩子。一位中年女教师正表情严肃地大声讲课。我明显地注意到，孩子们对这位女教师非常敬畏，大大小小挺直腰板地坐得中规中矩，眼神全都注视着老师。

显然，学校虽然简陋，但纪律严明，规矩不少。

我开始担心自己的贸然造访会打扰上课，谁知酋长可不管这一套。只见他大大咧咧地走到老师跟前，大声说着什么，师生们的目光，一下子全都聚集到我身上。

我只好赶紧趋前，硬着头皮自我介绍。

好在这位女教师友善地一笑，中断了讲课。我连忙快速地从不同角度拍照，所有的学生也全都好奇地看着我的一举一动。我特别留意拍下课桌上学生们的作业本，他们的书写相当规范和工整，页眉上老师的红笔批改也井井有条。

女教师艾薇娅·劳伦斯从哪里来？

“我毕业于巴拿马大学，来这里之前在巴拿马城当过十年的教师。是通过激烈竞争才获得了这一教师的职位。担任这所乡村小学教师已有两年了。”

原来，这位老师是巴拿马政府派遣来印第安部落库纳小学的专职教师。

劳伦斯老师说，她初来此时，村里并无学校，孩子只能依靠远程教学，就像梅察那样，一个月出去交一次作业，平时只能依靠自学。这严重影响了印第安族群的孩子享受接受教育的权利和机会。两年前，巴拿马政府决定向社会招聘教师来此支教，每月支付100美元的工资，当地部落也挤出一些经费。这样，才勉强建起了这所小学。

劳伦斯老师说，她刚刚来到这里时，发现部落内几乎

↑ 中为印第安部落小学的女教师艾薇娅·劳伦斯。她每天一早乘独木舟进入深山授课，下午随游客的独木舟出山。

↓ 印第安原住民深山部落的小学校。

↑ 印第安酋长带领作者寻访大山深处的小学校。那株大树后面的茅棚，就是小学的教室。

↑ 学校里张贴的算术口诀表和世界地图。地图上的“中国”十分醒目。

↑ 印第安原住民深山部落的小学校，酋长能随时出入课堂查看。

没有任何现代教育的元素，没有校舍，没有书本，没有纸张，更没有课桌椅……学龄前的孩子全都赤条条地，大一点的只在裆部系一布片。学龄儿童除了少数通过走读自学以外，不少都没有正经上过学。这一状况令她很是震惊。

于是，她和部落原住民选择了这处山坡，离村落并不远，但也不近，可免除孩子动辄跑回家里。他们铲平坡顶，竖起草棚，并获得社会人士的捐助，运进十多件二手的课椅，以及几块黑板和起码的教具。一幢小学校就建好啦。

现在，劳伦斯老师的班上，有从一年级到六年级的十来个学生。他们的上课时间从早上8时到下午1时。

↑ 印第安原住民深山部落小学校，刚下课的学生。

老师说，自己得每天把六个年级的课提前备好，课程包括西班牙语（高年级包括英语）、文学、数学、历史、地理……

就这样，在同一个课堂，向不同年级的学生，教授不同内容。这对老师来说，无疑是一种高级挑战，简直就像小诊所里的"全科医生"，什么知识都应该掌握，而且是因材施教、因龄施教。劳伦斯老师简直就是一部小学所有知识的百科全书。

难怪担任这家小学的老师，必须有巴拿马大学的毕业证书啊！

我又奇怪了："您家住在哪里？每天往返来到这里，交通怎样解决？"

"我的家在巴拿马城附近。单程开车来到进入部落河道的小码头，至少需要40分钟。每天，旅行社都会安排游客来小码头乘坐独木舟进入部落，而我会被安排搭乘这一独木舟。下午，我也会乘坐旅游者的独木舟离开部落，回到小码头再开车回家。"

听到这里，我对这位女教师不由肃然起敬。

我还了解到，劳伦斯老师有一个美满的家庭。她的丈夫在科隆自贸区工作，是管理仓库的负责人；大儿子23岁，大学毕业后也在科隆自贸区担任码头的电气工程师；小女儿14岁了，"她的英语和数学很好，我们全家非常支持她的学习，哪怕再贵的书我们也会给她买！”。

说起家庭，这位女士十分动情：“我的家庭非常支持我担任印第安部落的小学教师。尽管这里上下班交通不便，特别是遇到暴风骤雨时，这里没有游客进出，我常常会在小码头等候许久，才能搭乘便船进出。两年来，我没有对学生缺过一次课，也没有因为自己而迟过一次到。虽然我因为工作而不能给家庭，特别是小女儿更多的照顾，但是我依然感谢上帝，至少我每天都可以回到家里，每天都可以与丈夫孩子见面！”

说着，她再次抬头看了看我。那眼神里，满是信仰的力量。

下午4时，当我们乘坐独木舟，告别库纳部落时，舟上多了一位乘客，她就是艾薇娅·劳伦斯老师。

只见她胸背挺直、不声不响、神态安静地端坐船尾。在半个多小时的航行中，她的表情一直保持着安详和愉悦。这一画面，她每天必须重复两次，并且一年到头地还在继续着……

“我感谢上帝的恩典！”

那句充满虔诚的话语，似乎还在回响。■

↓ 印第安部落小学的女教师艾薇娅·劳伦斯正在检查学生的作业。

巴拿马印第安原住民的
儿童正在学吹排箫。

↑巴拿马印第安原住民中的女性，一旦结婚，脸颊上便会被文上黑色的花纹。

九、印第安人，难道这就是你们的宿命？

1. 加勒比印第安人史料，中国学界极为匮缺

当今中国，若想查询研究巴拿马印第安人的历史文化，文献和文字资料的严重匮缺，便是一只拦路虎。

造成这种局面的原因，一是中国学界对加勒比与中部美洲地区历史沿革的学术研究成果原本就不太丰富，特别是对加勒比与中部美洲地区土著原住民历史的研究，更属

↓ 正在文身的印第安女性。

于偏冷学科领域，因而成果更少；原因之二是巴拿马与中国过去没有建交，两国在学术和文化上长期缺少较高层面的交流，这势必影响两国学界科研学术成果的产生，中国当然难以找寻相应的学术资料。

为了最大限度地帮助中国读者对巴拿马印第安人历史文化拥有基本认知，我一直努力利用各种渠道查询资料文献，费尽心力，也仅仅陆陆续续地找到一点零星篇什。其中较有价值的资料，如20世纪80年代苏联塔斯社常驻拉丁美洲记者Stanisiav Sichev于1983年发表于苏联学术月刊《拉丁美洲》西班牙文版第7期论文（译者高国辉），几如凤毛麟角。

在实地采访的基础上，并参考零散文献资料，我简略概述始自西班牙殖民时期至今的巴拿马印第安人的“前世今生”。

↑ 用排箫演奏的印第安男子。

2. 圭米人英雄乌卡拉被抓到欧洲巡展

西班牙对巴拿马的殖民统治，始于1513年11月。

从那时起，祖祖辈辈生活在这里的印第安土著原住民便进入血腥的噩梦之中。原住民对于西班牙殖民者哪怕是有稍微的不从，都会遭到极为残酷的灭顶之灾。16世纪末，二百多万的土著原住民，几乎全被西班牙统治者杀害！

印第安人中的分支圭米人，曾是巴拿马最主要的土著原住民。他们于16世纪初举事造反，乌卡拉就是当时圭米人的著名首领和英雄。他领导的土著同西班牙殖民者进行的斗争，使殖民者损失惨重。

在一次激烈的较量中，西班牙人将乌卡拉俘获，然后押往西班牙作为战利品进行展示。

在西班牙，他们将乌卡拉从一个城市押往另一个城市进行巡回示众。几年以后，西班牙人对乌卡拉的看管稍微有所松懈。乌卡拉在捱过几年囚徒生活后，伺机从西班牙逃回了巴拿马故乡的丛林。

成功逃亡归来的乌卡拉，重整旗鼓，领导印第安人继续同殖民者开展英勇的斗争。

↓ 乘独木舟出入深山的印第安的原住民。

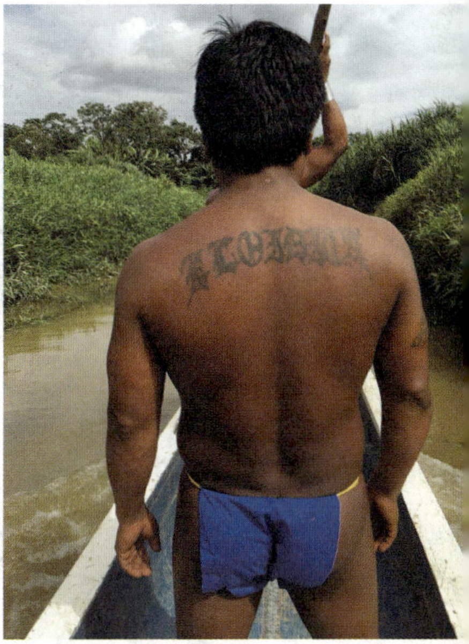

在西班牙人眼里，乌卡拉是个极其危险的土著人首领。他们决定采取怀柔政策，设法软化这位印第安首领，于是同他签订了一个和平协定。但是没隔多久，西班牙人就食言并终止了和平谈判。乌卡拉被迫重新拿起武器。他们的一次次偷袭，令西班牙入侵者们士气低落，这为生活在巴拿马的印第安人赢得了一小段难得的和平时期。

1531年乌卡拉去世，西班牙人重新发起对印第安原住民的进攻。由于双方力量对比悬殊，印第安人的力量越来越弱。一些人沦为奴隶；另一些人在战斗中死去；少部分人逃到奇里基省、博卡斯·德尔托罗省和贝拉瓜斯省的深山密林里。

3. 圭米人掷棍定婚姻，妻子将跟赢方走

塔斯社常驻拉丁美洲记者Stanisiav Sichev指出，20世纪80年代的巴拿马印第安人占有面积还不到历史上占有面积的1%，人口仅约4.3万。

其中的圭米人居住在用棕榈叶搭成的顶部呈圆锥形的

↓作者（中）与印第安库纳部落原住民合影。

茅屋里。这些茅屋大都坐落在很少有植物生长的高地上。由这些茅屋构成的村落分散在森林之中，实际上与外部世界隔绝。在雨季里，由于水流成河，使得这些茅屋一个个都变成了“孤岛”；直到雨季过后，人们才相互往来。

当林间小路干爽下来的时候，圭米人就急忙准备为期三天的节日。猎人们特地到森林里打猎，为客人准备肉食。此外，他们还用甘蔗汁和发酵的玉米制成浓度很高的酒。村落里所有的姑娘们都参加制酒。

节日的“请柬”由节日活动的发起者发出。担任节日的组织者需筹集到多达三天的群体食物和酒类，以供被邀请来的客人食用。所筹集到的食物要得到全部落的认可。

他们所谓的请柬，实际上是一根打了结的绳子。绳结的数量意味着还有多少天就是节日。被邀请的人如果接受了邀请，也用类似的绳子相告。受请人每天将绳子上的结剪去一个，这样就知道何时应该启程了。此外，受请人还应告知是否打算在节日期间与其他客人较量一下力气和智谋。

↑ 印第安原住民用独木舟运送游客进入部落游览。

↓ 头戴红花的印第安女孩。

↓ 身着节日盛装参加一年一度狂欢节的印第安女郎。

↑ 身着节日盛装参加一年一度狂欢节的印第安女郎。

直至现今，印第安人举行这种传统节日活动，依然同17世纪时举行的活动一样生动精彩。

节日的第一天，被邀请来的客人都需要到其他地区土著人那里逗留、做客。因为圭米人女性要利用这段时间打扮自己，她们用五颜六色的小玻璃珠串成项链装扮自己。直至晚上，才用丰盛的晚餐招待客人。

第二天拂晓，掷棍对抗游戏开始。游戏用的木棍呈圆柱体，长1.5米左右，轻巧而结实。游戏比赛在平地上进行，对抗的甲乙双方相隔一段距离，甲方设法将木棍投向乙方的腿部，乙方则背对着甲方，并不时地回头张望窥视，以躲避甲方的木棍。然后双方互换位置。参加这项游戏比赛的人往往多达150对以上，被木棍击伤腿的事也屡见不鲜。这种比赛往往使双方筋疲力尽。

节日的第三天，是治疗受伤者、进行贸易和拜访熟人的时间，然后就准备回家了。

在回家之际，也会有少数男人伤心地只身而返。因为他们的妻子，早在黎明时分就跟随在掷棍比赛中获胜的男子，沿着林间小路逃之夭夭，去重新组织一个新的家庭了！

4. 善取毒蛇、毒蜘蛛、毒蝎剧毒的乔科埃人

↓ 寄居蟹也可药用。

这位苏联记者也对19世纪末期，美国殖民者来到巴拿马，并对这里的土著人进行残酷的剥削进行了无情揭露。

他说，大部分的圭米人，除了年老体弱和病患者外，都被迫在美国联合果品公司劳动。对于果品公司来说，土著人是理想的劳动工具。土著人一年到头劳而无获，往往还欠下了果品公司的债款。因为公司强迫土著人必须在公司经营的商店购买一切物品。当时，土著人的悲惨境遇无人过问。本国统治者也只有在选举时才想起土著人，而一旦开始计算选票，土著人就会被他们忘得一干二净。

1960年，圭米人终于开始觉醒，并在这一年举行了为期一个月的旨在要求提高工资和要求联合果品公司尊重巴拿马劳动法的罢工。罢工的结果使得美国联合果品公司第

←印第安乔科埃原住民(右)带领作者进入丛林辨认药用植物。(江雄铜摄)

↑竹叶青蛇是印第安人入药的动物。

↓毒蜘蛛是印第安人入药的昆虫。

一次做出让步。

这位记者还找出当初在圭米人中产生影响力的政界人物。巴拿马人民党总书记鲁文·达里奥·索乌萨就是其中之一。此人起初做港口的搬运工，而后参加了青年运动并成为马克思主义者。1943年参加创建了巴拿马大学生联合会，该组织是一个反帝的青年战斗组织。

除了圭米人，巴拿马的印第安人中还有另一个分支，名为乔科埃人。他们居住在东南部地区，约有7000人。

乔科埃人善于制造毒箭。这种堪比西班牙滑膛枪更厉害的毒箭，其毒汁取自野草、植物根茎的毒汁，以及从毒蛇、毒蜘蛛、毒蝎、毒蛙的毒液，一旦射入人体，对方必死无疑。

乔科埃人的服装是最典型的印第安特色——男人只系遮羞布，女人则用长布将臀部裹上，上身赤裸。他们并不喜欢饰品，但在一些重要场合，武士们则喜欢戴上夸张硕大的手镯和耳环以示威风。如果乔科埃人要进城的话，政府当局则会要求他们穿上衣服。■

十、库纳族群，衍生“莫纳文化遗产”

1. 勤劳的库纳妇女，每天划船上陆地汲水

从巴拿马地图可以看出，巴拿马的桑布拉斯海岸线绵延长两百多海里，包括从曼丁加和桑布拉斯海湾，直至哥伦比亚边境的狭窄陆地，是加勒比海最有魅力的湾区之一。

↓ 湖水那边，坐落着印第安库纳村落。

这片水域分布着365个有名或无名小岛，其中著名的

↑ 巴拿马多元文化体现在丰富多彩的社会日常生活习俗上。图为印第安原住民编织草篮。

↑ 一对印第安母子。

↑ 作者（左）正在为印第安母子拍摄。（林圣融摄）

岛屿，是桑布拉斯群岛或被称为穆娜拓女人群岛。就在巴雅诺河和丘库拉克河流域的50多个岛上，至今依然生活着1500多位印第安族群中的库纳人。这些库纳人大多不太愿意上岸居住，皆因惧怕陆地的蛇蝎与蚊虫。只是族人去世以后，他们才会将坟墓安放在陆上。

海岛上的库纳妇女非常勤劳。她们每天都会划船到内陆的淡水河去汲水，并将水盛装在葫芦里运回。雨天则积贮雨水。

白天，库纳人妇女、孩子和体弱老人留在家中，男人则全都下地劳作。他们砍伐高大的热带植物，开垦茂密的野草和灌木丛，并伐木采果，然后将所需全带回家，其余就地烧毁。这些劳作大都从4月开始进行，5月开始播种，7月和8月初开始收获玉米，10月准备第二次播种，3个月后再次收获。

在玉米地里还种着一些果树和木薯类植物。在河畔边种有香蕉树、椰树、甜橙树、鳄梨树、芒果树以及甘蔗。椰树有的属于一个家庭，有的属于个人，也有的属于集体。如果是属于集体的，收获的椰子就在集体中平均分配。椰子不仅是库纳人的主要食物，而且可以运到商店兑换粮食等物品。

晚上，回到家的男人常常会带回一些树木的种子，妻子们则会将其做成项链。男人中如果有人还懂些草药知识的，则会备受尊崇。这种略通医术的人被称为“内莱”。内莱帮助库纳人识别草药，享有很大的话语权，因而常常能被簇拥为酋长。这一史料，我在库纳部落的酋长那里也得到过印证。

↓ 印第安“库纳文化遗产”的诞生地。

2. 严格一夫一妻制，偷椰子也要坐牢

研究巴拿马印第安人库纳族群的历史与文化，不能离开这些岛屿。可惜我在巴拿马期间，没能有机会登上这些岛屿进行考察。

多个世纪以来，库纳人一直比较顽强地保留着根深蒂固的民族生活习俗、礼仪和信仰，直至今天，也没有太多

一对青年印第安情侣。

↑ 一群印第安儿童兴致勃勃地观看作者（右）播映的视频。（江雄铜摄）

变化。比如，这里的印第安人奉行“一神教”。该教义比较严格，族群实行一夫一妻制，通奸被视为犯罪。族群内部严禁偷盗，哪怕只是偷了一个椰子，也会被关进本族自设的土牢接受惩罚。

进入20世纪以后，巴拿马政府于1953年出台了第16号法律，规定国家将库纳亚拉地区设定为印第安人生活区域；1957年宣布该地区为印第安人保留区，其政治和行政均为印第安库纳人自治管理。

库纳亚拉印第安地区，是一处既原始、神秘又令人向往的地方，且越来越成为现代社会人人心向往之的“人间天堂”，每年都吸引很多游客前来观光旅游。

库纳文化似乎有一种魔力，就是不管你来过多少次，每次来都像是第一次来过一样，立即让游客因现代生活而积累的疲惫心灵得到抚慰和放松。

3. 印第安“莫纳文化遗产”诞生于此

库纳人比较聪明，比较容易与现代社会进行融合。他们中的一些人接受现代教育，语言能力较强，其中的佼佼者还参与地方甚至国家的政治文化经济生活，成为进入主流社会的精英人士。

居住在陆地的印第安库纳人，多在达利安省巴亚罗地区。他们与其他族群的土著人有较大不同，皮肤呈暗红色，还有一些人的皮肤出现白化倾向。这中少量的皮肤白化了的人，也被称为“月亮人”。

库纳人还流行以鼻饰进行炫耀的文化习俗。

库纳人的鼻饰，即在鼻孔上方钻孔戴上一只饰环。之所以形成这一审美风俗，据说源自一个故事。印第安酋长艾尔米·松庞一次在回家的路上，发现自己的妻子正在与一个受妇女喜爱的印第安男子亲吻。醋意十足的松庞非常生气，立即令妻子将鼻孔扎穿，然后套上一只足以妨碍接吻的鼻环。

这个故事令我好奇：那酋长本人在与自己的妻子接吻时，岂不是也很别扭？

库纳族女人的服装特色，就是色泽十分艳丽，因而很能吸引外国游客的眼球。她们上身穿手工编织的“莫纳”衫，下套裹裙。头戴顶红黄两色的头巾，手臂上戴宽宽的金环，还在耳朵戴上很大的耳坠。她们也佩戴五彩珠粒，以及用黄金、贝壳、种子做成的项链和戒指。

而这里的男性穿着朴素，特殊场合戴黑色礼帽。

莫纳装饰的特殊风格起源于19世纪，是妇女们手工制作的一种装饰艺术样式。它不仅流行于印第安族群，就连西方现代设计师也受启发将其理念用于现代服装设计。举世闻名的印第安“莫纳文化遗产”，就是来源于库纳族群。

据库纳族群的历史记载，“莫纳文化遗产”中的“莫纳”，乃是女神派自己的妹妹奥罗基卡迪尔亚，以及派伊维尔贡在人间焕发出的卓越的艺术灵感，它与女性服饰和化妆艺术有机结合后，显得异彩纷呈。

目前，在巴拿马城和哥伦比亚的一些服饰和工艺品商店，均能买到库纳人设计生产的“莫纳艺术”风格的作品。■

EMBERA

巴拿马印第安恩伯拉分支库纳部落的印第安人载歌载舞。背景悬挂有“恩伯拉”和“库纳”的字样。

第六章

巴拿马，哪是你的前世今生

一、漫漫百年运河史，尽在挣脱奴役中

我打小知道“巴拿马”，皆因它有着这条运河。

巴拿马运河，一条连通两大海洋，但自身命运多舛的生命之河；

巴拿马运河，一条巴拿马人民不离不弃的母亲之河；

巴拿马运河，一条在全球唱响国家高亢音符的世界之河。

依稀记得孩童时期，街上大人们举着标牌旗帜游行，口号好像是“美国佬滚出巴拿马！”家长说，无恶不作的美国佬硬是霸占着巴拿马运河不放，巴拿马人民正奋力反抗，我们

↓百年前巴拿马运河工地一瞥。（资料图片）

中国人当然要声援……

多少年过去了。来自巴拿马运河的消息却变得时断时续，若即若离，缥缈模糊，渐行渐远。但是，我们依然知道，巴拿马是全球最为有名的海运大国。巴拿马运河担负着全世界5%的贸易货运。

后来明白了，运河自身固然委实了得，但巴拿马这个国家却与中国台湾有着所谓的“外交关系”。难怪国人对其少有问津。

直至近些年我渐渐得知，中巴尽管两国至今仍未建交，但双方早就互建有非官方的贸易发展办事处。两国间开展着数量极为庞大的贸易往来。大名鼎鼎的巴拿马运河，来自中国的远洋海轮通航率，居然仅次于美国而排行全球第二位。位于巴拿马运河北部入海口的科隆自由贸易区，中国则是最大供货国和合作伙伴。

初抵巴拿马之日，我便急切地告诉友人：请尽快带我看看运河！

中华总会的多位侨胞朋友非常热情，立即无私地提供帮助，分别带我前往巴拿马运河位于科隆省和巴拿马城两端的不同船闸，让我一看究竟。

在我即将告别巴拿马的当天下午，巴拿马国家旅游部还周到地安排导游和车辆，送我第三次前去巴拿马运河，并参观了运河历史博物馆。

先后三次实地考察，特别是在博物馆的深度观摩，使我对巴拿马运河有了较为深切的认知。其中最为强烈的印象居然是，巴拿马运河的百年历史简直就是与美国“相伴相克”的磕磕绊绊的历史。

换言之，巴拿马运河的百年历史，就是巴拿马人民挣脱殖民主义和帝国主义束缚奴役的苦难史。

运河的前世今生，就是这个国家和民族在不断反抗与斗争中形成的循环宿命。■

1914年8月15日，第一艘通过运河的船只。（资料图片）

2016年5月的巴拿马运河。原有的船闸狭小落后，新的宽体船闸于2016年6月应运而生。

NYK LINE

二、外交部会议厅，藏有多少历史秘密？

承巴拿马国家旅游部的安排，为了能参观设在外交部楼内的一处文物景点，我得以进入这个国家的重要政府部门——巴拿马共和国的外交部大楼。

刚刚走近它的楼前广场，即有明显的违和感——

但见外交部楼前的广场光线幽暗，气氛压抑。原来整个广场的上空被搭建起一个硕大的“罩子”，高大宽阔的玻璃钢简易屋顶，严严实实地罩住整个广场，四周布满一根根长长的黑色支架，其纵横交错，穿插其间，让广场变

↓藏身于巴拿马外交部大楼内的百年历史遗迹博物馆。

身为一个室内大厅或室内停车场。

堂堂外交部，通常需要接待造访的各国外交官与客人，有涉一国体面和形象之处，何至晦暗如此？

其实，这办公小楼本是古色古香的西班牙殖民时期建筑，其造型精致紧凑，色彩庄重沉稳；楼前宽敞平坦的小广场，其格局与样式也很传统、很拉美，与我在拉美各国所见并无二致。但它戴上大屋顶的“帽子”后，就有点不伦不类了。

我纳闷了，难道是什么新流派的艺术造型？

等候门前的接待人员，将我径直带往广场内一处地下文物开掘现场，谜团遂被解开——

就在这小广场的地下层，近年发现了多处重要历史文物遗址。国家考古部门立即在广场上空遮蔽简易屋顶，以保护本处的文物现场开掘。

在工作人员带领下，我隔着大幅玻璃朝地下细细观看，只见考古人员正蹲在发掘现场认真工作着。土坑现场设有玻璃隔离层，既保证开掘者的采光，也利于观众自由观看。

后来我得知，鉴于这里楼前开掘工程的旷日持久，外交部不得不决定另择新址搬家。

看完文物开掘现场，我便进入正题，由工作人员引导至外交部办公楼二楼，然后走到尽头的一间小屋前。在一扇年代久远的黑色门扉前，工作人员打开老式铁锁，并入内逐一开灯：“这是19世纪政府的小型会议厅，现列属巴拿马国家级文物保护单位。”

这是一间黝黑狭长的老式小会议室，一排排简朴的长条木椅，均面朝着最内端的主席台，那里置有一条长桌，桌后竖立着五面不同国家的国旗。会议室的形式，类似20世纪六七十年代中国乡村常见的人民公社的简陋会议室。

重要的是，就在一百多年前的1823年，这间会议室里一举诞生了影响世界、惠及全球的伟大决定：在中部美洲凿建运河！

正是这个决议，决定了巴拿马运河的诞生。

据史料载，开会的那一天，危地马拉、萨尔瓦多、洪都拉斯、巴拿马、尼加拉瓜和哥斯达黎加五个国家宣告组

↑作者在巴拿马外交部工作人员陪同下参观外交部楼内文物遗迹。（巴拿马籍友人家陆摄）

↑在巴拿马共和国外交部院内的地下，发现古代建筑的遗迹，现已被保护起来。

巴拿马共和国外交部大院的上空，被加盖起保护文物的大屋顶，以及扇翼超过10米之长的巨型吊扇。

成的中美洲联邦共和国正式成立。他们同时联袂向实力雄厚的美国正式提出重要建议：请美国承接在中部美洲援建运河开凿的重任。

就在这次“小屋会议”后的第二年，即1824年的6月，拥有“拉美自由之父”之誉的西蒙·玻利瓦尔，再次在这间小会议室主持召开国际会议，正式明确决定将在中部美洲开凿运河。

这间小小的会议室，在百年前催生了在美洲中部开凿运河（即后来的巴拿马运河）这一重大国际性事件。

它虽然狭小晦暗，但身为伟大历史性事件的直接见证者，它的历史光芒，至今熠熠生辉！

难怪在这处会议厅的走廊上，至今依然醒目陈列着西蒙·玻利瓦尔的大幅照片。

我在此前出版的拉美主题长篇纪实文学著作《约会哈瓦那》《约会乌拉圭》《约会阿根廷》中，都在不同程度从不同侧面写到过西蒙·玻利瓦尔，对他为拉美摆脱殖民统治、重获新生所做的历史性贡献多有描述。

此次我又一次得知，这位有“拉美解放之父”美誉的历史人物，曾经为伟大的巴拿马运河诞生，也做出过极为关键的决定。站在这处会议厅，我对玻利瓦尔的崇敬感越发加深，为他的美誉天平再次加上重重的砝码。

尽管为我担任西班牙语翻译的中国台湾籍年轻导游，因对巴拿马历史不甚了解，而在翻译史实原委时令我发晕。但我回国后边浏览自己所拍的照片，边按图索骥地查阅各种史料，总算基本弄清这段历史的精彩瞬间！■

↑在外交部二楼走廊，陈列着纪念“拉美自由之父”西蒙·玻利瓦尔的图片展览，以纪念他在这里明确决定将在中部美洲开凿运河。

↑1824年6月，“拉美自由之父”西蒙·玻利瓦尔第二次在这间小会议室明确决定将在中部美洲开凿运河。图为标有玻利瓦尔名字的巴拿马锦旗。

↑悬挂在巴拿马外交部百年前小会议室主席台前的画像——“拉美自由之父”西蒙·玻利瓦尔。正是在他的主持推动下，中部美洲多国领导人共同决定，在中部美洲开凿运河。

↑藏身于巴拿马外交部大楼的百年历史遗迹博物馆内，展示着百年前多国开会决定开凿巴拿马运河时留下的文物。

巴拿马外交部办公楼走廊的天花板业已斑驳陆离。官员透露，外交部正在物色新的办公处所，准备搬家。

三、西班牙国王，倡导开凿运河第一人

↑西班牙国王卡洛斯一世。1534年，他下令对巴拿马地峡进行勘查。西班牙人沿着山脊，用鹅卵石铺出了一条穿越地峡的驿道，为开凿做出准备。（资料图片）

巴拿马原宗主国西班牙的国王查理一世（即神圣罗马帝国的查理五世），可谓先知先觉啊！

就是他，早在1523年首次提出，应在中部美洲开凿人工运河！

这是历史上最早，也是最明确的在拉美地区开凿运河的指令性记载。

而是在11年以后的1534年，接任查理一世的西班牙新国王卡洛斯一世颁布为开凿美洲中部运河而进行地质勘查指令。

来自欧洲，特别是来自西班牙的地质工程技术人员，兴冲冲地奔赴中部美洲一带可能修建运河的山脊上四处勘测，瞄准的地区包括墨西哥南部的特万特佩克地峡、哥伦比亚西北部的阿特拉托河附近的某个地点、尼加拉瓜地峡和巴拿马地峡。

在今天巴拿马运河周边的山脊上，还可以见到当年西班牙人用星星点点鹅卵石铺就的原始驿道，那就是最早勘测运河工地的遗迹。

这一次大规模的勘测，很有收获。

最佳的开凿地点很快被确定：

今天业已建成运河的“巴拿马地峡”，以其跨度为61公里的“最窄地点”而入选。

15世纪，正值西班牙大举征服墨西哥的殖民时期。那时的巴拿马，每年都要举办波托弗洛交易会。欧洲各大商行的代理商在这里用欧洲货物换回成吨的秘鲁产的白银，以及运到欧洲将非常抢手的美洲各种稀有货物。

在大西洋和太平洋的最窄连接处凿通这一便捷航路，

将极大促进两大洋之间的航运。

殖民者通过精确计算，发现如果凿开地峡，纽约至旧金山的航程将可缩短16%，利物浦至旧金山的航程缩短43%，而纽约至悉尼的航程也将缩短28%。来自西班牙宗主国和欧洲的人员及货物，从大西洋最便捷地与太平洋相连接。它在节省运力、发展贸易、促进经济上带给世界的多种裨益，令越来越多的人知晓、赞赏并且热切追捧。

从此，运河的凿通，促使中美洲地峡之国巴拿马更加彰显其神奇的交通枢纽战略地位，吸引来自全世界的艳羡目光。■

↑巴拿马是西班牙殖民者在西半球建立的第一个定居点。这枚邮票即为纪念这一主题。（资料图片）

←西班牙在美洲的殖民帝国可分为四大总督区：新墨西哥、新格拉纳达、秘鲁、拉普拉塔，巴拿马属于新格拉纳达（哥伦比亚的前身）总督区（资料图片）

↑在巴拿马运河工作的西班牙劳工。（资料图片）

PALACIO BOLIVAR

←巴拿马城的玻利瓦尔纪念广场前，著名的玻利瓦尔大教堂，以纪念“拉美自由之父”玻利瓦尔而驰名。

四、美国，巴拿马运河的始作俑者

↑西奥多·罗斯福是最早推动开凿巴拿马运河的美国总统。当1903年与巴拿马签订《美巴条约》时，西奥多·罗斯福高兴地说："我拿到了地峡！"（资料图片）

上文说过，一百多年前，就在现巴拿马外交部的小楼内，由玻利瓦尔代表五国提出请求：国力强大的美国，理应承担在中部美洲凿建运河的"大国责任"。

这么沉重的一副担子甩过来，美国会乖乖揭榜？

答案是，美国很乐意，甚至求之不得！

美国第26任总统西奥多·罗斯福于1902年下令，由美国全额负担开凿巴拿马运河工程的费用。正因做出这一伟大决定——这也被视作西奥多·罗斯福总统任内的最大功绩——他个人的硕大头像，从此被美国人民塑入宏伟的"总统山"（总统山雕像左起第三位即是西奥多·罗斯福总统）。

然而，出钱者自有所图。

1820年，美国人不堪船只从纽约到加利福尼亚需绕行麦哲伦海峡的漫长旅程，一直计划在中美洲挖掘运河。其复杂的过程，我在本书《巴拿马运河，亲吻两座大洋》一

章中，有详尽描述。

自1914年通航以来，美国一直独自掌控巴拿马运河的通航权。这中间，巴拿马与美国之间为争夺管辖权问题而反目为仇，不知发生过多少次尖锐的冲突和私下的龃龉。

直至1979年，运河的控制权才被初步转交给由美国和巴拿马共和国共同组成的一个联合机构——巴拿马运河委员会。

↑美国的“总统山”（圣胡安山）上，左起第三位雕像，即为西奥多·罗斯福总统。他因倡导开凿巴拿马运河，而被“请上山”，成为“圣胡安山英雄”。（资料图片）

20年后的1999年12月31日，美国将巴拿马运河的全部控制权，正式交给巴拿马。美方转弯抹角：运河的经营管理者只向巴拿马运河管理局负责，而管理局此时才真正扬眉吐气地向世界宣称：我只对巴拿马共和国的政府负责。

巴拿马运河从最初的勘测、开凿、竣工直至使用，其全部历史，无一不是奴役与反奴役、掠夺与反掠夺、侵略与反侵略的苦难历史。

多少年来，老牌殖民主义国家和老牌帝国主义国家，以及现在的超级大国，从来就没有放弃过对拉美国家的控制和掠夺，包括对这些国家的主权领土、能源、交通等一系列经济命脉的掌控。巴拿马共和国就是屡屡遭受扩张与侵占的蕞尔小国。这个国家的历史，也总是陷入复杂的国际角逐之中，并且总是扮演受害者的角色。

争夺巴拿马运河控制权之战，就是弱国如何在强权政治的夹缝中生存的鲜活例证。■

↑→被巴拿马人民引为自豪的黄金大教堂。

五、争夺开凿权之战，硝烟从未散却

↑1935年在美国出版的巴拿马运河区手绘地图。美国水兵兴高采烈地据守于巴拿马运河上。（资料图片）

开凿巴拿马运河是一块肥肉。开凿权的主权争夺战，早在运河动工兴建之前就已经打响，从此硝烟竟然没有消散过。

早在19世纪，巴拿马地峡的实际管辖权为哥伦比亚共和国所有。

1831年至1860年间，哥伦比亚名为新格拉纳达共和国。这个年轻的小国做梦都想将巴拿马运河的开凿权纳入囊中，但实力单薄的它，面对滔滔河水只能徒唤奈何。

新格拉纳达于是幻想依托外部力量，促成开凿权的回归。但拉美民族素来极强的民族自尊感，以及本国民众随时可能出现的巨大反弹，均迫使政府只敢将租让权交给本国的民间公司，不敢延聘任何一家外国政府。

但是，本国民间公司的资金实力毕竟有限。如此浩大的工程，哪一家私人公司能够胜任呢？

就在1824年西蒙·玻利瓦尔提出请美国参与开凿工程之后的22年之后，1846年12月12日，经过为期一年艰苦的谈判，美国与新格拉纳达缔结了《美国与新格拉纳达和平、友好、航海及通商条约》，也称《彼得拉克—马利亚里诺条约》。该条约共36条，有效期为20年。

其中第35条，规定美国拥有下列权利：

美国公民、船只、商品在其境内可以享有新格拉纳达公民所能享有的种种权利（全部免税、特权和豁免），通过巴拿马地峡的美国旅客、邮件和商品也应给予同等优惠，将来在巴拿马修建任何交通设施时，其通行权或过境权应对美国政府和公民自由开放，新格拉纳达政府不得向美国公民征收高于新格拉纳达公民的通行费用，对美国商品也不得征收进口税。

↑1931年，美国北安普顿号巡洋舰驶入巴拿马运河。（资料图片）

以此为基础，美国政府同意就巴拿马运河对新格拉纳达做出三项承诺：

1. 保证巴拿马地峡地带的完全中立；

2. 保证未来运河的自由通行在任何时候都不会被中断或受到阻碍；

3. 保证新格拉纳达政府拥有巴拿马地峡的主权和财产权。

1850年，美国耗资750万美元在巴拿马地峡修建连接两大洋的铁路，历时5年完工。

按照美国与新格拉纳达签订的条约，从1846年起，美国公民拥有自由穿过巴拿马地峡的权利。

从此，潮水般涌来的美国游客为巴拿马带来了美元，但对北方强邻怀有本能恐惧的巴拿马人看来，这种经济上的输血却几近侵略。

巴拿马人对美国人从一开始就拥有本能的敌对情绪。■

↓拉丁美洲大桥跨越于巴拿马运河水源地加通湖。作者摄于2016年5月。

巴拿马古城海滩上的水鸟。

六、“西瓜之战”，腥风血雨骤起于青萍之末

↑1856年4月，在巴拿马城一位美国游客因吃了当地人的西瓜后拒绝付钱，与巴拿马人爆发冲突。美国以此为由悍然出兵干涉，迫使在1861年已改名为哥伦比亚的新格拉纳达政府承诺赔偿美国41万美元，哥伦比亚总算屈辱地了结了这桩公案。

1856年，一起看似偶然的流血事件“西瓜之战”，验证了巴拿马人反美情绪的社会担忧。

当年的4月15日，一个名叫杰克·奥利弗（Jack Oliver）的美国人在科隆市街面上，向巴拿马人（Jose Manuel Luna）买了一片西瓜，因区区一比索的价格而与摊主发生纠纷，美国人傲慢地拒付，从而引起了一场大规模群众斗殴事件。

当时围观的巴拿马人和美国人情绪都很激动，小冲突迅疾演变成一场持续数小时的枪战。那名买瓜的美国人丢了命，还有31人死伤，其中巴拿马方面伤亡15人。一场“西瓜之战”，“呼”地点燃两国民众，主要是巴拿马人的对美防范与仇视的怒火，巴拿马城的局势几近失控。

为了控制局势，同年7月，两艘美国巡洋舰驶抵巴拿马城的港口坐镇。1856年9月19日，160名美国海军陆战队员登陆，占领了巴拿马火车站。

两国这一下真的闹掰了。

美国与新格拉纳达其后的停战谈判，谈谈停停，一直拖延到近10年后的1865年，即美国南北战争结束后，双方才正式达成和平条约。

1861年，新格拉纳达改名为哥伦比亚，承诺赔偿美国41万美元，总算屈辱地了结了这桩公案。

元气大伤的哥伦比亚，与强邻美国的关系，就像一对聚离两难的冤家。运河的巨大利益导致双方不得不磨磨唧唧地拖到1869年1月14日，还是签署了关于巴拿马运河的条约，规定哥伦比亚将巴拿马运河开凿权及运河地区租让给美国，租期100年，期满后归还哥伦比亚。

但是，签了约的山姆大叔其实并不急于修建运河，它继续拖延着，只是琢磨如何更好地独霸运河区域这一势力范围。

哥政府眼睁睁地看着美国政府的不作为，无奈之际，只好悄然把目光投向欧洲大陆以另择高枝。

时逢1869年，由法国主导的苏伊士运河通航后，欧洲金融资本顺理成章地也把目光转移到中美洲。1876年，由法国控制的洋际运河工程国际公民协会组团来巴拿马考察，并与哥伦比亚政府达成了由法国来承建巴拿马运河的协议。

形势急转直下。1879年7月5日，法国洋际运河工程总公司正式得到开凿运河的租让权。■

↑“西瓜之战”迅疾演变成一场持续数小时的枪战。那名买瓜的美国人丢了命，还有31人死伤。1856年9月19日，160名美国海军陆战队员登陆并占领了巴拿马火车站。(资料图片)

←1856年4月，在“西瓜之战”中，巴拿马本地武装正与美国军队作战。(资料图片)

→巨型吊车正在运河边作业。

TITAN

七、法国李代桃僵，美国恨得咬牙

↑ 19世纪，法国人在巴拿马市区陈列介绍修建运河的图片展览。（资料图片）

↓ 在巴拿马运河历史博物馆，陈列着肆虐巴拿马运河区的长腿大蚊子的特写照片。

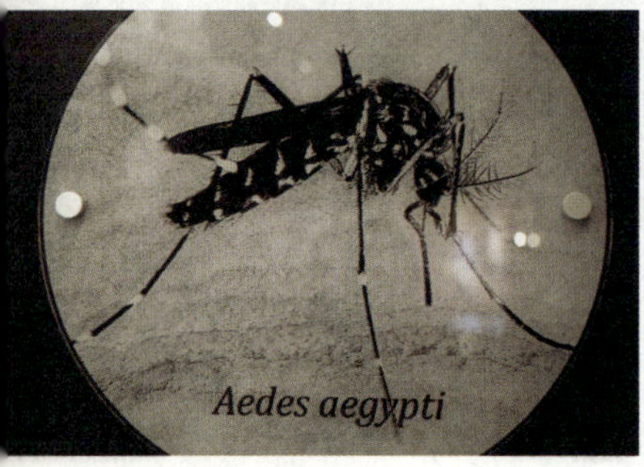

得。明明说好要请美国来凿建运河，现在却被法国独占了鳌头。山姆大叔恨得咬牙切齿。

摩拳擦掌的法国洋际运河公司也挺争气，一口气拿出8套施工方案。

开凿巴拿马运河正式动工时间，被定于1883年2月。

没有料到的是，法国人从开工这天起，在其后19年的灾难性施工中，一再遭遇各种“滑铁卢”，最终不得不铩羽而归；并被迫在1902年，以仅为4000万美元的低廉到近乎耻辱的价格，将运河开凿权转让给了美国。

这时的美国总算咧开了大嘴，估计心里嘀咕的是：“谁笑到最后，谁笑得最好。”

设在运河船闸办公楼顶楼的巴拿马运河历史博物馆，是巴拿马运河唯一的正规博物馆，接待过世界各国无数的客人。在博物馆陈列的图片中，我看到了一只长腿大蚊子的特写，更有多幅法国危重疫病患者在医院接受抢救的场景。

原来，尽管迫使法国人撤离工地有多得数不清的理由和原因，但被法国人归结为首要原因的，竟是这一群群妖娆的长腿大蚊子！

来自欧洲地中海沿岸、安宁优雅的法国工程技术人员，更有各国卖苦力的劳工，一进驻到施工的丛林现场，就遭遇到热带雨林里无数硕大的蚊虫毒虫害虫怪虫的轮番叮咬。特别是黄热病疫情暴发，医院人满为患，病人大量死去。最后，实在无法忍受的法国人只能黯然逃离。

看着这些恐怖的照片，我回想起自己这些天不也常去巴拿马的热带雨林吗，怎么好像没被这么多热情的虫儿们亲吻啊？

博物馆介绍，由于巴拿马地峡和运河流域恰好置于潮湿闷热的热带雨林，其环境格外恶劣，丛林中交通闭塞、地形复杂，基础设施落后，缺乏起码的施工条件。当来自55个国家、多达4万名的施工大军骤然降临时，迅速蔓延的黄热病使这里的生态平衡顿时被打乱。

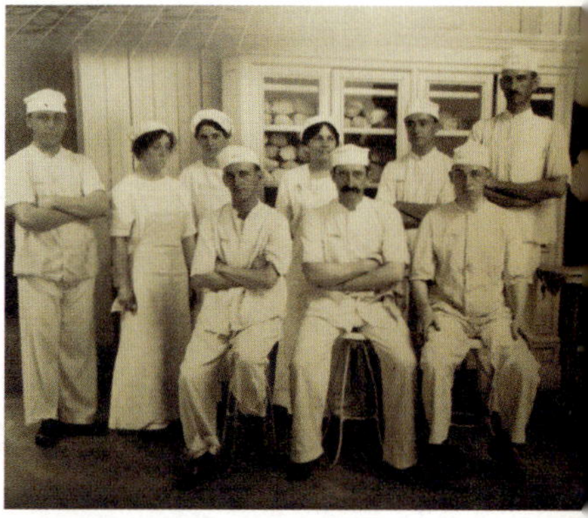

↑法国派来治疗黄热病的医生们。当时黄热病疫情暴发，医院人满为患，病员大量死去。实在无法忍受的法国人只能黯然逃离。（资料图片）

各种平时难得一见的疫病顿时四下蔓延，令这里立马沦为人间地狱，灾难随时会张开血盆大口，赫然吞食所有的不速之客，令一个又一个鲜活的生命顷刻消失。昔日看似山清水秀的热带雨林大自然乐园，已是远近闻之色变的地方。

曾有人这样记述黄热病蔓延的惨状：

“……85%的工人住进医院。黄热病可怕的症状，加上高死亡率，让美国运河工人谈‘黄’色变，甚至整船的工人听到黄热病暴发的传言后，立即一哄而散，跑得一个不剩。”（鹭江出版社《八卦医学史2》）

↓1888年，美国报纸上关于法国人修建巴拿马运河工程的手绘图。（资料图片）

万幸的是，在巴拿马运河区肆虐的黄热病和疟疾，最终被遏制了。

1900年，古巴医生芬雷（Carlos Juan Finlay）和美国军医里德（Walter reed）相继研究出黄热病是一种不同于细菌的病毒，且是由蚊子传播而成。1904年，美国总统罗斯福的私人医生威廉·戈加斯（William Gorgas）被派往巴拿马运河区考察，美国随后决定在运河区近1300平方公里开展大规模的灭蚊运动。

1905年，美国投资100万美元，历时1年多，动用4000多人的“灭蚊部队”，使用120吨杀虫粉、30吨硫黄、60万加仑防蚊油、3000个垃圾桶、4000个水桶、1000把扫帚，布置了1200个熏蒸点，几乎将整个运河地区变成一个无蚊区。

1906年11月11日，巴拿马运河出现最后一例黄热病死亡病例，疟疾也得到有效控制。1913年10月10日，巴拿马运河竣工。

对黄热病最后一击的，是南非病毒学家马克斯·泰累尔（Max Theiler）。1937年，泰累尔与同事共同研究出安全无害的黄热病疫苗，这就是沿用至今的17-D疫苗。1940至1947年，泰累尔所供职的洛克菲勒基金会，生产超过2800万剂黄热病疫苗，终结了黄热病作为主要传染病的历史。1951年，泰累尔因此而获得诺贝尔医学奖。

想来，我本人也是黄热病疫苗的受益者。多年前我第一次去阿根廷、巴西前，被要求必须先到省疾控中心注射黄热病疫苗，并被告知进入外国海关时须持黄封皮的免疫健康证以备查验。不过，已先后办过两本黄皮证书的我，二十多年里在数十次进入很多国家的海关时，居然从未被查验过黄本。不过自己注射过疫苗依然令我心安不少。

一天，驾车送我参观的友人，在加通水闸的公路边停下车。他摇下车窗，朝左侧一片名为“希望之山”的绿色遥指，回头问我：“想上山看看吗？”

那就是当年遗下的一座灵山，传说至今仍有无数冤魂上下游荡。远观群峦，墓碑

星星点点，难以计数，主人都是为巴拿马运河献身的各国贫苦而年轻的亡灵。在几十年的运河开凿史上，有近3万人因伤病致死，其中包括大量来自中国的贫穷劳工。

“就在心中悼念吧。”

静静地，我瞻仰着，祈祷着。

此刻，远山的那片绿色尤显肃穆。它深深掩藏着的，是挥之不去的历史悲怆。

再隔若干年，这段血泪历史也许会被世人遗忘。当年怀揣发财梦或被欺骗拐卖，背井离乡，从万里之遥的异国来到巴拿马的各国劳工，他们的姓名、亲人、后代……早已无人知晓，也无人惦记。鲜活的生命，化为一抔灰烬与尘土！

今天，当巨轮昂然通行运河之时，每一艘轮船是否应该献上一个特别的礼仪，比如鸣笛，比如升旗，只为纪念献身于开掘运河的无名牺牲者！

其实，比炎热气候和恶劣环境等“天灾”更可怕的，是屡屡肇事的“人祸”。

起初，法国人照搬苏伊士运河的经验，认为可以利用巴拿马地峡众多的湖泊修建一条海平式运河，谁知施工四年之后，法国人才发现巴拿马地峡临太平洋一端的海面，要比加勒比海一端低出二十多厘米，根本无法修建海平式运河，这一过迟的发现，也给法国洋际运河公司以致命一击。

美国人的背后拆台，则令法国人尤其恼怒。据资料记载，由美国人经营的巴拿马铁路，对于运河物资的运输百般刁难，法国运河公司即使不得不以2550万美元的天价买下这条仅值750万美元的铁路，所留用的美国铁路员工依然不断地捣乱怠工。

压倒法国运河公司的最后一根稻草，是内部的腐败。高管层大肆侵吞运河股票资金；150名法国政府部长和议员接受了贿赂。

法国洋际运河公司终于在1889年宣告破产。

一个正在火热施工的巨大工地，甲方居然宣告破产了！这对工程的迎头痛击，何其致命乎！■

始建于1908年、横亘于巴拿马运河船闸储水湖加通湖上的百年铁桥。

八、美国接手工程，更想攫取主权

↑1903年，美国总统西奥多·罗斯福（中）前往巴拿马运河工地视察。（资料图片）

↑2016年的巴拿马运河三级船闸。

那时的美国，尚未真正成为世界霸主，但历经1898年美西战争后已一跃而为世界强国。笔者拜访百度得知，当时已对法国怀恨在心的美国时任总统拉瑟福德·伯查德·海斯，接手巴拿马运河工程后恨恨地发话：美国必须把巴拿马运河控制在自己手中，它决不能放弃这种控制而将运河交给任何一个欧洲国家！

这位在任总统使出一招，决定延请南北战争功勋卓著的著名将军、前总统尤利西斯·格兰特出山。格兰特立即亲自组织一个由他本人任主席的巴拿马运河工程临时协会，以强势介入此案。

说到格兰特，我立马回忆起自己曾经去过他的旧居。那是在1996年，我作为美国政府“国际访问者计划（USIV）”的参与者，曾在美国拜访过已故总统格兰特的旧居。他家那幢白色小屋内，在过道墙面上挂着一长溜历史照片。其中就有格兰特总统被众人簇拥、正踌躇满志地发誓要为美国夺回巴拿马运河控制权的场景，他的表情非常亢奋。

由这位南北战争著名将领出头领衔，果然不同凡响——格兰特竟于1880年派遣了两艘美国巡洋舰直抵哥伦比亚港口，借“访问”以炫耀武力相威胁。

法国人最终无力抵挡美国人的压力，不得不于1902年1月4日，向美国政府转让了自己在运河的财产和租让权。

24天后，美国国会快速授权西奥多·罗斯福总统，敦促美国完成对法国运河公司的收购。哥伦比亚政府也同意将宽度为6英里的运河区划归美国，租借期为99年，期满后运河由哥伦比亚收回，不得续租，运河治安由哥国军警负责，租金也需相应提高，但这个方案遭到美国的坚决反对。

1903年1月22日，美国与哥伦比亚签订了《海约翰—埃尔兰条约》，该条约被哥伦比亚媒体一致认为是丧权辱国的不平等条约，号召人民起来反对，甚至提出“寸权不能失，寸土不可丢”的口号。同年8月12日，哥伦比亚国会慑于公众压力，否决了这个条约。■

↑巴拿马运河船闸。

↓即将驶过巴拿马运河的远洋巨轮。

即将驶过巴拿马运河的远洋巨轮。

ORIOUS LEADER

九、"火山邮票事件"，美国的一盘大局

↑↓ 邮票上的火山名为摩摩通博(Momotombo)，位于尼加拉瓜西部。但经偷梁换柱，其催生美国国会批准了开凿巴拿马运河的计划。

善良的人们，可不要一听说殖民地闹独立，就以为是天经地义的。其实有些"独立"行径背后的阴谋，乃"假汝之名而行之"。

巴拿马的独立，就是美国策动的一盘大局。而促成它独立的催化剂，源自小小的"火山邮票事件"。

原来，随着美国国力的增强，美国人在未来运河上的态度越来越强硬。1880年美国总统更是毫不掩饰地宣布未来的运河必须是美国海岸线的一部分。最终在1901年迫使英国人放弃对运河的权利，明确除了美国外，他国无权管理运河。

挤走英国人后，美国人决定，开凿地点还是选择在巴拿马。于是美国人以一次性1000万美元和每年25万美元的租金，企图让哥伦比亚就范，从而获得在巴拿马修筑运河的权利。

然而，当时的哥伦比亚乃美洲最强的国家之一，如果屈从美国意愿，它的国力无疑从强国变成了弱国。哥伦比亚当然不同意出让自己的主权和土地。

自《海约翰—埃尔兰条约》遭到哥伦比亚否决后，美国决定不再与摇摆不定的哥伦比亚国会打交道了，转而彻底摆脱哥伦比亚，直接把巴拿马从哥伦比亚分离出来，那就是让它独立。美国人说，只有发动独立革命，才能实现美国的愿望！

1903年，美国总统西奥多·罗斯福蛮横地表示：美国可以在巴拿马采取任何行动，完全不需要考虑哥伦比亚政府。

此前由玻利瓦尔的个人魅力所撮合，并由哥伦比亚、委内瑞拉、厄瓜多尔一起组成大哥伦比亚共和国才稳住的巴拿马，民众中一直存在独立的民族主义倾向。巴拿马社会的精英阶层对于以联邦国家作为国家依托，长期缺乏认同感和信任感。而哥伦比亚中央政府多次武力弹压，更是加剧了巴拿马人的独立意识。特别是当1830年大哥伦比亚共和国烟消云散后，巴拿马继续成为新格拉纳达共和国的一个省；这一从属的国家命运，令巴拿马精英阶层为之愤怒，于是激发出巨大的政治反弹。

但是，巴拿马想独立并非易事。就在这时，一个看似不可思议的小小契机，促使这一重大历史性进程快速地变为可能。

1896年，巴拿马的铁路修建和运河工程铺开，促使巴拿马精英阶层对未来充满瑰丽的幻想。当美国与法国、哥伦比亚为运河租让权的问题闹得不可开交时，急于独立的巴拿马的精英阶层，便与昔日的死对头——美国和法国的运河公司组成了一个奇怪而别扭的利益共同体，以此抵御哥伦比亚政府。

1902年，美国国会准备为开凿尼加拉瓜运河拨款。一旦拨款，运河就将远离巴拿马而前往尼加拉瓜。

如何化解美国这部分参议员同意投在尼加拉瓜开凿运河的赞成票，以增加他们对巴拿马运河工程的信心和支持力度，继而促成巴拿马的独立，这就是当时奇怪别扭的利益共同体的当务之急。

正在这时，加勒比海的一座活火山喷发了。

置身于利益共同体之中的聪明法国人比诺·瓦利拉的灵感被空前激发。他决定利用这一信息游说美国参议员改弦更张。为此，他想起几年前尼加拉瓜曾发行过一张邮票，上面有著名的摩摩通博火山喷发的照片，而这座火山就在尼加拉瓜运河开凿路线附近，虽说摩摩通博是座死火山，但邮票上印有一缕白烟正环绕着山顶。

比诺·瓦利拉于是设法搞到九十多枚有火山正在喷发图案的邮票，并把它们分别寄给美国的国会参议员。在这些信件中，都有瓦利拉的亲笔附言：

“尼加拉瓜火山活动的官方见证。”

果然不出所料，当美国参议员们看到邮票后，均被误导，以为摩摩通博火山是活火山。如果对开凿尼加拉瓜运河投赞成票，势必导致工程遭遇摩摩通博这座活火山的威胁！于是，所有的议员全票否决了在尼加拉瓜开凿路线的议案。

美国国会原拟通过在尼加拉瓜修建运河计划的议案就此胎死腹中。改在巴拿马建运河，遂成为美国参议员的不二选项。

从此，美国国会议员们全力游说全国人民支持在巴拿马开凿运河，并且需要因此而促成巴拿马的独立运动，以排除哥伦比亚的干扰。

1903年6月，美国《纽约世界报》发表文章，指出“哥伦比亚政府不断为美国收购法国运河公司的租让权设障，巴拿马人民应该捍卫自身利益，摆脱哥伦比亚的暴政”。

在美国组织下，阿马多尔·格雷罗和阿兰戈组建“巴拿马爱国者小组”，哥伦比亚驻巴拿马司令乌埃尔塔斯后来秘密也加入“爱国者小组”。哥伦比亚政府发觉巴拿马的异常，派两名将军乘一艘炮艇前往巴拿马城。1903年11月，两位将军刚到巴拿马城，就被乌埃尔塔斯逮捕。阿兰戈在广场当众宣布成立巴拿马临时执政委员会。

就这样，在美国的策动下，1903年11月3日，巴拿马爆发了独立革命，并于第二天（1903年11月4日）宣布摆脱哥伦比亚统治：巴拿马共和国独立了！

随后，美国军舰满载着美军抵达，迫使哥伦比亚政府军撤退，美军完全控制了整个巴拿马。

1903年11月6日，美国正式承认巴拿马的独立，并把曾经开给哥伦比亚政府的价码转而开给新成立的巴拿马政府，并迅速获得了新成立的巴拿马政府的批准。随后巴拿马变成了美国的“国中之国”，美军还在那里建立起了南方司令部。

在巴拿马城举行的群众集会上，巴拿马人民表现得似乎没有想象之中那般高兴——因为当选为巴拿马共和国首任总统的阿马多尔，在宣布国家的独立的庄严时刻，激情难抑地振臂高呼：

巴拿马共和国万岁！

罗斯福总统万岁！

美国万岁！

在今天的巴拿马运河博物馆，还郑重地陈列着几枚百年前的、印有摩摩通博火山图案的邮票。那邮票旁的说明文字这样写道：

1880年，法国人设想修建一条打通巴拿马地峡的水道，但却没有能实现。几年以后，美国也对打通太平洋和大西洋的水道产生了兴趣，于是准备穿越尼加拉瓜建造这条运河。

1902年，正当美国国会将对这一工程进行表决的前夕，加勒比海马提尼克岛上的培雷火山爆发了。剧烈的火山彻底毁灭了繁荣的港口城市——圣皮埃尔城，从而引起了全世界的震惊。中美洲顿时躁动不安，美国也一片哗然。

极力主张在巴拿马地峡建造运河的法国工程师比诺·瓦利拉大喜过望，突然想起几年前尼加拉瓜发行过一枚邮票，上面印有一座火山喷发烟雾的图案，他想借此来证明在巴拿马建造运河的设计才是安全和最理想的方案。于是，他跑遍华盛顿找到了90枚这样的邮票，分送给一些美国议员以作游说。其实，那邮票上的是摩摩通博火山。

这一偷梁换柱之举，居然使比诺·瓦利拉的计划轻易得逞。

美国国会一举通过了建造巴拿马运河的决议……（此处省略了1000字）

1914年，宏大壮观的巴拿马运河正式建成。

谁也没有料到，这几枚小小的邮票，竟然催生出如此伟大的世界奇迹！■

左前方的一艘海轮正缓缓驶入，
准备通过巴拿马运河船闸。

十、“国中之国”，催生巴拿马运河通航

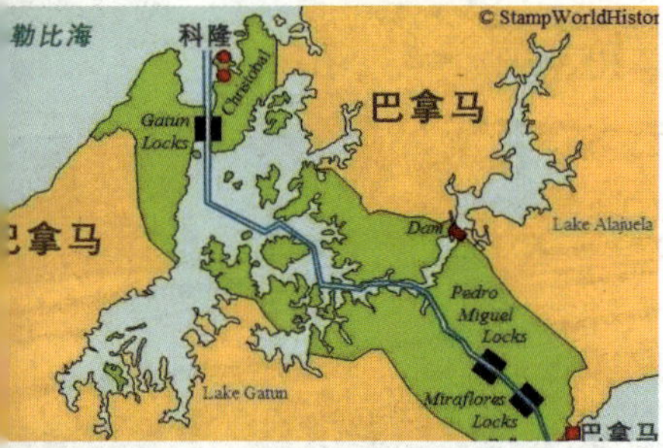

↑绿色区域，即美国在巴拿马运河区划出的“国中之国”，其总面积达到1400多平方公里，是美国对巴拿马主权和民族尊严的严峻挑战。（资料图片）

↑1903年11月的美国报纸刊登漫画：在美国策动下，巴拿马共和国这只“雏鸟”正从哥伦比亚“破壳而出”。随后，美国即与巴拿马共和国签订条约，规定美国保证巴拿马的独立，但巴拿马必须把宽10英里、面积1432平方公里的运河区交给美国永久占领，实行“国中之国”的控制。（资料图片）

巴拿马独立后，在美国的催促下，新政府不负众望地于1903年11月18日签订了《美国与巴拿马共和国关于修建一条连接大西洋和太平洋的通航运河的专约》，简称《美马条约》或《海约翰—布诺·瓦里亚条约》。

签约这天，西奥多·罗斯福总统高兴地说：“我拿到了地峡！”

有报道记载，美国参议员评论道：“巴拿马人民是站起来了，就像11个人一样！因为巴拿马的独立是在美国支持下，由7个巴拿马人和4个美国人策划的。”这些人数，正是条约上的签字人数。

还有记载，美国教授塞缪尔·早川（Samuel Hayakawa）令人费解地说道：“我们是正当地偷窃了它！”

原来，这个新条约做出了规定，美国保证巴拿马的独立，但巴拿马应把宽10英里、面积1432平方公里的运河区交给美国永久占领、控制。巴拿马湾中的一些岛屿也交给美国使用。

其中第三条更是明确规定，巴拿马共和国不得在运河区执行国家主权。美国有权对巴拿马城和科隆城进行干涉，以维护公共秩序。

“国中之国”，美国唾手而得。

美国人的介入，使巴拿马运河工程全面恢复，预算得到了控制，工期大大提前，1914年8月15日，完成了试航。

1920年6月12日，巴拿马运河正式通航。■

DOLEGA
CANAL DE PANAMÁ
Z-TECH
PANAMÁ
DOLEGA

距离巴拿马运河80公里的刚博纳大铁桥，始建于1908年。其水源来自加通湖，是巴拿马运河船闸使用水的主要水源地。

十一、冤家相聚，磕磕碰碰的巴美关系

↑美国自19世纪即参与开掘巴拿马运河。图为百年前的运河工地。（资料图片）

↑美国报纸漫画：山姆大叔带着铁铲和武器，兴奋地从飘扬美国国旗、饰有美国象党图案的船舱跳到巴拿马国土上。（资料图片）

“当你以卵击石时，卵碎；换言之，当你以石击卵时，卵亦碎。美国，石也；巴拿马，卵也。无论何种情况，卵皆碎矣！”

一位巴拿马外交官，1927年10月2日在《纽约时报》发文描述巴美关系时，曾经这样形容道。

这段话，深刻反映了当年巴拿马对与美国的关系的无奈与无助。

直至现在，巴拿马和美国这对老冤家，关系还像是“剪不断理还乱”的、离婚离不掉、在一起又过不好，并且动辄吵吵闹闹的“老夫妻”。

其实，美国的影子，在巴拿马从来就无处不在。

漫步于巴拿马城新城的街头，但见美国的各色著名的银行、证券交易所和事务所的LOGO随处可见。如高盛（Goldman Sachspuorg Inc.）、摩根士丹利（Morgan Stanley）、美林证券（Merrill Lynch ）、贝尔斯登公司（Bear Stearns Cos.）驻巴拿马的分公司和办事处，它们均坐落于高耸云天、光怪陆离的大厦之中。美国对巴拿马国家经济命脉的掌控，就在这种参差错落中，深深地嵌入巴拿马的骨髓。

“你在巴拿马用的什么货币？”不少人发问。

“用美元！”我回答。

巴拿马，是世界上第一个除美国以外以美元作为法定货币的国家呢。1907年起，这个国家就把美元作为本国的正式流通货币。

而巴拿马自己的货币“巴波亚”，其与美元等值，同时在境内流通。不过，我在巴拿马期间基本上没有机会见识到大面额的巴波亚——人们通常不用它，偶尔打的士被找回的几枚巴波亚硬币，已被我视为收藏品而带回了中国。

人们常说，巴拿马就是跨向美国的外门。但巴拿马与美国的关系，一直跌宕起伏，时好时坏，殊为诡异。

两国曾于1964年1月断交，但同年4月又迅速复交。1989年美军入侵巴拿马并扶植起了恩达拉政府，虽然得罪了大多数拉美国家，但恩达拉政府成立的头两年，美国即一口气为它输血打气而提供了4.61亿美元的援助。

这种若即若离的特殊关系，导致两国外交关系呈鲜明的两面性，即政府接纳美国，民众排斥美国。

为收回运河主权，巴拿马人民进行了长达半个多世纪的斗争，旷日持久。美国对巴拿马的一系列历史性伤害，世人有目共睹，更是巴拿马人心中永远的痛。

这段历史，最早得从1903年签订的条约说起。就是那个条约，使巴拿马从此沦为美国的保护国，巴拿马人无权管理自己的运河，国家也因此丧失了主权。

2000年，来自巴拿马运河管理委员会的统计表明，自1914年运河通航以来的86年中，共有约82.5万艘各种船只通过巴拿马运河，其货运量约占世界贸易货运量的4.3%。

但是，自1920年运河向国际开放至20世纪80年代末的60多年中，美国从运河过往船只中收取的费用高达450亿美元，而分给巴方的仅为11亿美元，仅占全部收入的4.9%。

难怪巴拿马人不喜欢老美，这邻居也太抠门啦！■

正准备通过巴拿马运河船闸的远洋巨轮。

SCES

一条运河如同白练，在巴拿马
绿色的地峡逶迤伸延。

05

06

第七章

巴拿马运河，亲吻两座大洋

巴拿马运河概貌。

VELVET
115
NO ESTACIONE

承载百年沧桑历史的刚博纳大铁桥，已是斑驳陆离。

原有的船闸狭小落后，新的船闸应运而生。

↑ 正运行于巴拿马运河船闸的巴拿马运河工作轮船。

MIRAFLORES LOCKS
PANAMA CANAL
1913
CANAL DE PANAMÁ
117

2016年5月摄于巴拿马运河。原有的船闸狭小落后，新的宽体船闸于2016年6月应运而生。

者恐怕不太会有兴趣关注并了解这个落差。

来自巴拿马中华总会的四位侨胞朋友，此刻正陪着我一同俯身观光台前，静静注视着远方一艘巨无霸型远洋货轮缓缓驶入。那是一艘船体硕大的货轮，它会在驶入船闸入口后，历时40分钟再缓缓驶出。

这艘大船的甲板平面，满满码放着山一般高耸的标准集装箱，那箱体方方正正地丝扣严合，均用杠杆呈叉形交相状整齐固定，看上去十分稳固。

我特别注意到，在船舷中部一处小的空当，还醒目地悬挂着一只橘红色鲜亮的全封闭救生艇——它可是我在美国好莱坞大片中刚刚见过的哦。

闸门开启后又悄然关闭。水升了起来。庞大的货轮驶入进来。

我细细观看闸门，但见它即使历经了一百年的使用，通过了百万艘船只，这只硕大的铁门，依然能够像瑞士手表那样准时开启。

运河的闸门被安装得如此精巧，每一扇重达672吨的门扇，都需要一对25马力的发动机来驱动才能开合。而在加勒比海这头，宏伟的加通船闸也是一样。这些门扇铸造于罗斯福时代，用的是上好的美国匹茨堡钢铁。

缓缓驶过的货轮，业已露出弧形的船尾。

“快看，这是咱中国的货轮呢！”

突然，中华总会常务副会长何文生先生大声提醒。

我们应声看去，竖立尾舷中央的旗杆，悬挂着中华人民共和国国旗和香港特别行政区区旗。大约历经洋面日日夜夜风暴洗礼的缘故，那旗面的色彩已褪，且已被风紧紧绕住旗杆而无法飘动，但国旗上五星的图案依稀可辨。

侨胞们突然见到自己祖国的国旗，全都激情难耐。四个人情不自禁地伸出右臂，并跷起大拇指，朝着海轮用中文高声呼喊：“祖国万岁！”

我急忙端起相机，拍下这一令人激动的镜头。

尽管旗帜未能飘动致使图案不清，但侨胞们对祖国的赤子之情，依然令我眼眶湿润……■

2016年5月，作者与众旅巴侨领前往巴拿马运河，恰好目睹了一艘悬挂着中国国旗和香港区旗的远洋巨轮，正缓缓驶过运河船闸。

800|250
BELÉN
BE
CANAL DE PANAMA
BELÉN
BELÉN

穿梭于巴拿马运河水闸内的“小精灵”，
用于引导远洋巨轮安全过闸。

ORA
PRO
NOBIS
REQUIESCAT

第八章

挣出“哭墙”的旅巴华人

一、初抵巴拿马城，融入华人族群

耶路撒冷，耸立着全球犹太人的“哭墙”，
巴拿马，耸立着早期美洲华人的“哭墙”。
——题记

2016年的4月25日，上午10时30分。

从幽暗的舱门走入航桥。两边窗口射入的阳光，金黄白亮，一时间晃得我几乎睁不开眼。

这天的凌晨，我从夜色朦胧的布宜诺斯艾利斯搭乘巴

↓巴拿马的自然风光优美旖旎。

拿马COPA公司的航班，历经5个小时，飞抵巴拿马城。

这条航线已是我五年内的第三次飞行了。

前两次均为转机，因而不得不在宽敞的巴拿马城国际机场不出境地逗留3个小时。记得第一次去时我特地买了一顶著名的巴拿马草帽，只是回国后没怎么戴，因为稍大了点儿，一刮风就飞跑了。

这次，是我第一次正式入境巴拿马共和国。

在巴拿马城的托库门国际机场海关，我办理入境手续时没有想象中那么顺利——两三个头戴大盖帽的黑人海关警察对我虽然不失礼貌，但几个大盖帽凑在一起，一直对我持有的中华人民共和国护照“叽叽喳喳”地小声研究讨论再三，最后依然吃不准，决定把护照送进海关办公室关起门来再行研究。一时无人搭理的我，虽然清楚签证程序不会有问题，但此刻也只好手提行李，独自伫候办公室门外的过道，心想找把椅子，但四周完全没有。

我的朋友、《人民日报》常驻拉美高级记者丁刚先生曾有报道，“随着中巴经贸交往的增多，来这里的中国人也越

↑ 巴拿马城区簇新的建筑鳞次栉比。

↑ 巴拿马航空公司的空姐正在机舱服务。

空中鸟瞰巴拿马城的海滨，风光旖旎。

二、旅巴华人社会，融洽和谐不闹心

↑巴拿马中华总会副会长、中山同乡会会长林华康，他帮助作者融入了旅巴侨社。

抵达巴拿马城当日的下午，林华康先生便径直陪我拜访位于巴拿马老城区新唐人街上的巴拿马花县同乡会。此举拉开了我与旅巴侨界亲密来往的序幕。

我走进了一幢高高的大厦。

林华康告诉我，这大厦由花县同乡会捐资兴建，是中国侨胞在巴拿马所建的最大的公共建筑，现部分写字楼对外出租。著名的中华总会、花县同乡会等侨团，都将办公室设在这幢楼内。

在花县同乡会，我立即感受到罗记添会长、邱文林副会长等华人同胞的诚挚和热情。我与侨领们促膝相谈，对这个国家侨界历史和现况的了解，从这里开始。

来巴拿马前，我以为这是尚未建交的国家，从大陆来的中国人不会太多。谁知现状令我颇感意外：从中国大陆来的华侨华人，简直能用“云集”二字形容：多达30万之众。

走在巴拿马城，特别是在新老两个唐人街的街头，但见中文店牌比比皆是，无论在大型购物中心，还是在街角菜市，熙来攘往的人群中几乎全有中国人。由中国人开设的大大小小的餐馆、酒楼、理发店、小吃店、药店、手机店、美容美甲店、按摩店鳞次栉比，应有尽有。放眼望去，一派典型的中国广东县城风情。

旅巴期间，我多有机会与林华康接触；又通过这位侨领结识了罗记添、罗银洲、黎焕欣、何文生、麦杞佳、邱文林、邱文峰、钟志兵、曾广天、张俊华、江雄铜、钟浩良、张雪云、徐凤燕、甘丽铭……侨界大佬、侨社知名人士与社会活动者。林华康和这些侨胞朋友为我在巴拿马开

←新老两代侨领罗银洲(右)、张俊华正在赤溪同乡会愉快交谈。

展的公共外交，提供了热情协助和支持。

正是得助于这些友人的邀约与安排，我才有机会实地访问了位于巴拿马城和周边城镇的几个主要侨团，如中华总会、中山同乡会、巴拿马华侨华人中国和平统一促进会、巴拿马华人工商总会、古冈州会馆、巴拿马鹤山公所、旅巴赤溪同乡会。并与各个侨团的华人进行了不同程度的沟通，从而对巴拿马侨界得出整体印象。

令我欣慰和吃惊的是，较之于我在世界其他国家侨社之所见，巴拿马侨界整体上显得比较团结与和谐。

这里的侨社，其内部结构相对固化和稳定。每当我与某一个侨团负责人接触时，从未听过他们对别的侨团有攻讦诋毁的话语。

虽然这里侨团林立，但每一个侨团都是你中有我，我中有你。我常常会在某个侨团同时见到另外侨团的侨领端坐其间，也会在别的侨团又见到这个侨团的侨领正快快活活地喝茶交谈。侨团整体的传统根深蒂固，拥有历史影响力的延续性，因此至今依然具有强大的凝聚力。大家亲切往来，不分伯仲，一个基本共识就是：我们都是中国人。

巴拿马侨界之所以会有这般团结友爱的局面，至少基于下列因素——

华人来巴拿马之前，在国内的家乡大多比邻而居，大

↑2017年9月28日，巴拿马侨界代表回国出席由全国政协在人民大会堂举行的庆祝中华人民共和国成立68周年招待会。左起：巴拿马广州花都海外青年联谊会会长江雄桐、中国驻巴拿马大使馆领事保护联络员罗记添、巴拿马花县（花都）同乡会会长刘扬烈、巴拿马花县（花都）同乡会秘书长张雪云。（张雪云供图）

多相互知晓根底。这里的侨民绝大多数来自广东省的恩平、中山、花县、鹤山、开平、南海、台山等地区。侨界的社会活动圈相对固化，与国内外来往密切。略有风吹草动，国内外便会广而告之。因此，侨民刻意不轻易制造事端，以避免影响亲友的亲情。

来到巴拿马侨居地以后，他们拥有同根同源的文化基因，加之这里设有历史悠久、备受推崇的关公祠，置有华人祖山公墓，诸多先祖文化犹如磁场强劲的文化发射塔，所传递出的精神力量，有效地凝聚着旅巴全体华人的同胞亲情。代代相传的骨肉亲情，在这里有根可循，有义可尊，诸多传统亲情理念形成旅巴华人强大的精神归宿。

这里的侨社林立，作用实在。据不完全统计，在旅巴的三十余万名华人中，各类社团就多达四十余个。这些侨社大多历史久远，例如，巴京同庆堂就成立于1854年，巴拿马人和会馆成立于1860年，古冈州会馆成立于1899

感動與回憶

徐貽聰

人生在線

二〇一七年國慶剛過，中秋節的前兩天，我的弟妹們帶着大家庭部分第二代和第三代成員來京爲我慶祝八十壽誕。聚餐大廳裏突然進來一位客人，讓我驚訝和感動，多年的回憶頓然群集腦海，難分次序和年代。

進來的竟然是巴拿馬華人總會負責人馮雅迪，而且是從巴拿馬城乘飛機，拉着行李，風塵僕僕地逕直趕到現場的！

他的到來讓我記起，國慶日前，他曾在微信裏問我何時、在何處舉辦八十壽辰的活動，並表示也在考慮參加。作爲朋友，我就回覆相告，但建議他務必不要爲此而來，因爲畢竟太遠，完全沒有這樣做的必要。不過，我也不相信他會眞的爲我的生日萬里迢迢地專程來一趟北京。

他卻來了，還是從巴拿馬城出發，經由洛杉磯、香港連續轉乘飛機，馬不停蹄地趕來，並給我帶來一冊他自己裝幀的相冊，收集了一些我在巴拿馬工作期間的照片送給我，將於翌日經由原路返回巴拿馬城。他的誠意和用心，讓我何止是感動。

我同馮雅迪先生相識於上個世紀七十年代。當時，我受派擔任新華社駐巴拿馬分社記者，於一九七九年底與首席記者一同從北京飛往巴拿馬城赴任，接替即將離任的前任。馮雅迪是經常保持與分社聯繫的少數華僑之一，因而很快同他開始交往，並逐漸加深了了解和友誼。在我們從到任後不久開始的一段長達近兩年的時間裏，首席記者被派往臨近分社，總社只保留了我一個人在巴拿馬，我同他的接觸因此就更多、更經常，雙方的關係也就更加密切。我記得，他經常在世界各地跑，有時半夜三更會從機場打電話，告訴我他剛下飛機，要我給他準備點吃的東西，可見他對我的信任和我們之間友情的程度。

馮雅迪先生原籍浙江溫州，是在七十年代初期從香港移居巴拿馬的，在巴拿馬的科隆自由貿易區從事中國產品的批發生意，小有成就。他廣交朋友，同巴拿馬方方面面的人士都有交往，了解並熟悉當地的社情，又很關心並熱心巴拿馬與中國的關係，對於我的工作和我孤身一人在巴拿馬的生活自然幫助很大，可以稱之爲不可多得的摯友。

馮雅迪僑居國外，但始終心懷祖國，並千方百計爲國家效力。八十年代初，在他羽翼尚不豐滿，家境也不很殷實之時，就曾利用關係，自己出資出力，在與中國尚無外交關係的巴拿馬舉辦規模不小的中國經濟展覽會，還邀請時任總統、工商部長等政府要人出席，增加巴拿馬人民對中國的了解，拉近兩國的友好關係。其間，我給過他一定的幫助和合作。

我在巴拿馬工作期間，因爲我國沒有其他常駐該國的機構，分社需要協助聯繫、安排、接待衆多的各類往訪的中國黨派、民間、商務、文體等代表團。我一人「勢單力薄」，常常「不可開交」，馮雅迪先生常是我的重要「援軍」，協助我完成多種事項。尤其讓我感動的是，他「義不容辭地」接受了代表團和臨近使領館在自由區採購物品的委託，洽價、包裝、運輸，還多次直接從自由貿易區趕往百多公里外的國際機場，協助辦理移交和出關手續，有時甚至要求航班予以等待等多種無條件幫助，許多代表團都表示過感動和感謝。

我在一九八三年離開巴拿馬後，同馮先生的直接交往少了，但一直保持有可能的聯絡，也不時了解他的動向和作爲。我知道，他的初衷未改，爲國服務的熱心未減。九十年代中期，他還爭得「巴拿馬駐華貿易促進代表處副代表」的職位，不拿巴拿馬政府工資地爲推動巴中關係盡力，歷時長達四年，致使自己的生意受到很大損失，但他對中國卻毫無怨言。我聽說，四川汶川地震後，他還曾懷揣巴拿馬僑界的捐贈，帶隊親赴現場，施以救助，並要求眼見落實。

我思考，可能是我們都有一顆熱愛祖國、願意盡力爲國家效力的心，又曾經讓對方看到了實際表現和行動，才使得我們的友誼長久，心靈相通，互相尊重，也把對方深深地記在了心中。

我對有這樣一位華人朋友感到由衷地高興，相信他會繼續盡其所能地爲推動巴拿馬和中國關係的深入發展，特別是在他的多年夙願得以實現以後，儘管他已接近「古稀」之壽。

↑2017年10月12日，香港《大公报》发表散文《感动与回忆》，记述了中国外交部老大使、1979年赴巴拿马担任新华社驻巴拿马分社记者达4年之久的徐贻聪，与巴拿马华人冯雅迪之间历时38年的同胞情谊。

↑ 每天清晨，旅巴侨民便会来到老唐人街马路边的华人菜贩摊点买菜。

↓ 在巴拿马城新老唐人街，均有大量中国餐馆，并有地道的中餐粤菜。

年……如此久远的生命力，彰显着华人文化在巴拿马这块土地上的坚韧力度。

所有的社团至今均有活力，而且互在暗中较劲，竞相开展侨社的活动，从未中断过旺盛的生命张力。它们经常举办的活动，都是有效维系侨民精神家园的一次又一次的加油站。作为百多年来中国侨民在巴拿马打拼时唯一能够依赖的“组织”，它们在侨民中从来就具有很强的向心力和凝聚力；

↑每逢祖国农历新年，旅巴华侨都要举家前往中巴公园举行热烈的欢庆活动。（资料图片）

旅巴侨团的每一位侨领，个个坚持“一个中国”的立场，旗帜鲜明地反对“台独”，心向祖国，目光远大，并且非常热爱侨界公益事业。他们还是商海骁勇的健将，是拥有雄厚资产财力的成功人士。这些侨领平时以身作则，关键时刻振臂一呼，其强大的感召力和榜样作用不可小觑。

每年的中国传统节庆之日，各大侨团都会组织全体华人前来这些圣地祭奠先祖、缅怀同胞，彰显正义，一场场郑重的寻根仪式，无不使侨胞深切领悟中华古老文明的魅力，增进中华民族同根同源的同胞认同感。

最为重要的，当为来自祖国对侨胞的关怀日益显现。中国巴拿马贸易发展办事处，与侨界有着紧密的联系，是维系祖国与海外赤子血肉亲情、促进祖国和平统一、反对“台独”“一中一台”“两个中国”的直接纽带。每逢祖国传统佳节，办事处都会举行各种形式的招待会和联欢会，各界同胞踊跃出席，大家济济一堂，共同感受祖国的温暖。国内凡有大型庆典活动，办事处会代表祖国热情邀请旅巴著名侨领归国出席并观光，这种巨大的荣誉，令全体侨胞为之向往和振奋。

一个生动例子就是，2016年国庆节，我在国内一下子收到多位旅巴侨胞传来的信息。既有他们在巴拿马举办国庆活动的，也有他们应邀回国出席中国政府在人民大会堂举办国庆招待会的，还有不少同胞秀出自己在招待会上的照片，那种抑制不住的兴奋和欣喜中，都是海外游子对祖国母亲血浓于水的深情。■

站在巴拿马的老城区隔湾远眺新城区。

三、中巴建交，侨社欣喜若狂乐翻了天

↑2017年6月20日，旅巴中国侨团举行庆祝中巴两国建交欢庆晚会。华侨在唐人街兴高采烈地燃放烟花爆竹。

2017年6月13日上午9点多，我和报社几十位老同事一起在武汉市老城区的某处参观。其间不断听到手机弹出信息的“嘀嘀”声。我停下脚步，掏出手机一看，顿时浑身热血直涌：“巴拿马总统宣布与中国建交！”

这一天终于来到了！

我立刻停下参观的脚步，专心收看这条新闻。与此同时，江雄铜的微信也从巴拿马城飞跃千山万水匆匆赶到。中巴两国正式建交的信息，确凿无疑。

从这一天起的两三天内，我的微信朋友圈几乎要被刷屏，内容全是庆贺中巴建交；而信息发布者绝大多数是旅巴华侨华人，平均一个人一天起码要发十几条朋友圈。

看来，极度兴奋的旅巴华侨华人们，在得知这个好消息后，已经激动得难以自持。

30万！这是定居巴拿马的中国人数量。

好多啊！相当于整个冰岛共和国的全国人口！

在两国尚未建交的日子里，从中国大陆移居巴拿马的这30多万中国人，多少年来在公共场合一直看不到祖国的国旗，听不到祖国的国歌；其心情之郁闷、胸口憋气之甚，可谓内伤累累，但却又徒唤奈何。

而眼下的他们，闻听中巴两国建交的喜讯后，个个如同打了一场翻身仗般欣喜。他们欢呼雀跃，情不自已地奔走相告，使整个巴拿马城的唐人街，顿时变成无比欢乐的海洋。

特别是入夜之后，莽莽夜空被侨胞频频燃放的彩色焰火照射得亮如白昼，形态各异的烟花造型璀璨辉煌，令全城的市民叹为观止。巴拿马有史以来，第一次出现了如此盛大规模的“不夜城”魅惑景象。伴随着喜庆爆竹的声声炸响，天上人间一次次地欢腾雀跃，每一寸空气中，都弥漫着极为浓郁热烈的喜庆气息。

在巴拿马生活了24年的巴拿马中国文化中心创办人张雪云女士，尤其兴奋不已。她一直活跃在华人的各项活动中，拍摄了大量欢庆场面的照片，又把这些照片传到世界各地，我多次收到她的微信和照片。

17岁起移居巴拿马的张雪云，曾经营过超市、数码电器行和进口贸易公司。2001年起，她与丈夫一起，以“弘扬中华文化、传承中华文明、促进中巴友谊”为宗旨，创办了巴拿马中国文化中心。这位在国内读书时曾加入过共青团，现在总是满脸喜气的华人女士说：

“巴拿马中国文化中心开设17年来，经常吸引巴拿马人前来了解中国文化，这里已成为巴拿马人民了解中国的

↓侨胞张雪云女士传播中国文化执着热情。她在巴拿马城新唐人街开设的“中国文化中心”是巴拿马人民了解中国文化的一扇窗口。（资料图片）

→2017年9月28日，世界知识出版社与巴拿马中国文化中心签署战略合作协议。（云峰摄）

一个窗口。我始终没有忘记父母的教诲，要谨记自己是龙的传人。我的根在中国。两国建交了，我的中国文化中心，肯定会大有用武之地！”

自从巴拿马时间2017年6月12日晚中巴建交消息传出，在其后的三天里，侨胞们自发举行了各种声势浩大和丰富多彩的庆祝活动。尤为引人注目的，是由巴拿马华侨华人中国和平统一促进会、巴拿马花县（花都）同乡会等侨团在唐人街知名酒店金都酒家和双喜酒楼连续三天举办

↓巴拿马城老城唐人街口的中式牌坊。

的大型庆祝酒会。各界侨胞载歌载舞，频频举杯，热烈祝贺中巴两国友好关系掀开新的篇章。

在巴拿马工作过9年的中国巴拿马贸易发展办事处代表王卫华格外激动。他兴奋地举杯：“侨社连日来欢天喜地，群情激昂，充分体现了广大侨胞的爱国热情和美好意愿。”来自巴拿马政府的多位部长也欣喜出席酒会，与中国移民共同欢歌庆贺。

↑侨领罗记添手持中国红酒在巴拿马城的中国餐厅“双喜楼”前。

酒会开始。一个具有历史意义的场景，令所有旅巴华人激动万分并感慨万千：

——巴拿马有史以来，庄严的巴拿马共和国国歌和中华人民共和国国歌首次联袂奏响！

在巴拿马生活了几十年的中国侨胞们，长期以来在公开场合从未能够听过中国国歌，更不用说能听到中国国歌与巴拿马国歌的联袂奏响。此情此景，非同寻常，在场的侨胞们纷纷潸然泪下！

来自巴拿马花县（花都）同乡会的五头醒狮跳起中国风格的劲舞，加之巴拿马本土艺术家的土风舞，特别是巴拿马华星艺术团十年磨一剑的中国民族艺术表演，把庆祝活动推向高潮，也令在场所有对中国文化艺术尚感陌生的巴拿马人，一个个都看呆了。

经作者余熙牵线搭桥，中国外交部直属的唯一文化企业世界知识出版社，于2017年9月28日，在北京与张雪云所在的巴拿马中国文化发展有限公司（巴拿马中国文化中心），签署了战略合作协议。协议确认，世界知识出版社“一知咖啡书屋”项目落户巴拿马城，为巴拿马各界读者提供中国书刊及其他中国特色的文化创意产品。■

红霞尽染，海天一色。

四、林锦珍，促进中巴关系的有功之臣

↑ 曾任巴拿马中国贸易发展办事处代表的林锦珍。

在欢庆两国建交的喜庆气氛中，旅巴华侨华人不约而同地把目光聚焦在一位华裔身上，她就是第二代华人、巴拿马共和国外交部的外交官林锦珍。

林锦珍，原巴拿马中国贸易发展办事处的代表、两国建交后曾任巴拿马驻华大使馆临时代办。她的这个职务，相当于外交官序列中的参赞级别，它可是建交前巴拿马派驻中国最高代表哦。

我认识林锦珍代表，始于2016年年初我访问巴拿马的计划。

多年前，我就萌发了想自费赴巴拿马访问的念头。

我一直认为，和平发展的中国正在世界迅速崛起，与中国没有建交的国家越来越少。中国理应成为“地球村”里所有“村民”的好朋友！在中国走向世界、世界了解中国的国际大循环中，不应曾在缺口和死角。

我同时意识到，自己已出版的二十多部国际交流题材著作，所写的国家全部都是建交国。那些神秘陌生的未建交国，他们究竟如何看待今日中国？侨居在那些国家的中国人的境遇如何？

我于是萌发一个念头——作为中国公共外交的活动者，我能不能运用一己微薄之力，为促成这些未建交国家与中国之间的相互了解，也为双边改善并建立新型关系而做点什么？

我于是向国家部委有关领导当面建议：可否让我以中国作家和记者的身份，前往这些未建交国家进行文化交流和新闻采访，并在华出版类似《约会未建交国家》的出版物？

后来我获知，若我只是以民间和个人身份，或将更容易进行这种采访活动。

于是，我开始设计如何对这些未建交国家开展公共外交的计划。为此我对二十多个未建交国家逐一进行了研究，发现巴拿马是最为举足轻重的国家之一！

就这样，巴拿马被纳入了我的视野。

2016年1月，应阿根廷驻华大使古斯塔沃·马蒂诺之邀，我前往北京的阿根廷驻华大使馆出席大使为我的新书《约会阿根廷》举办的首发式酒会。

来宾中有两位女士，推动着我迈出访巴第一步。

一位是资深外交官、欧美同学会拉美分会秘书长陈红娣女士；另一位是个头高挑、栗色长发的巴拿马女郎。

陈红娣老师介绍我认识了这位女郎。女郎热情地走到我面前："我是巴拿马的记者李姿，您写的《约会阿根廷》太好啦！我们期待您也能写一本介绍巴拿马的书啊。您想去巴拿马吗？"

她边说着，两只眼眸边烁然闪光。

这位取中文名"李姿"（Liz Vargas）的巴拿马女记者，同时也是北京高校的西班牙语兼职教师。她知我已有访巴意愿后甚为高兴，立即推荐："巴拿马在北京设有贸易发展办事处，如您同意，我可以介绍您认识办事处代表林锦珍女士。她一定能够帮您实现访巴愿望。"

几天后，按照李姿的指点，我来到位于北京塔园外交公寓内的"巴拿马中国贸易发展办事处"，向代表林锦珍女士介绍了自己访巴计划。

见到林锦珍时我不禁有点惊讶——她比想象中的要年轻许多！眼前这位端坐于外交机构庄重办公桌后的代表，竟是一位华裔女孩。她的年轻，一时让我联想到活力绽放的女大学生。

不过，几经交谈我便发现，这位年轻外交官其实相当成熟干练，处事条分缕晰，干脆利落。

林锦珍仔细倾听了我的计划，特别是得知我准备撰写中国第一部巴拿马主题著作后，不禁非常高兴："这很有意义，很有价值啊！我们巴拿马办事处愿意为您提供支持。"

果然，不久我就顺利取到进入巴拿马的签证。

翻开护照一看，那签证页上的签证章，注明的地址居然是"日本东京"！

原来，由于当时中巴两国尚无邦交，巴拿马在北京的办事处根据国际惯例，并无权直接在护照签证章加上注签证地为北京，于是借用巴拿马驻日本大使馆的名义。这使我不禁联想起，同时开设在巴拿马城的中国办事处，其签证章上注明的可能是哪国地名呢？

抵达巴拿马后，这位代表多次发来微信表示关心，有时还远程提供咨询。在我即将结束访巴的最后三天，林锦珍主动联系巴拿马的旅游部，为我提供了有趣的采访内容。

我回国以后，林代表持续关注我的新书写作进度，多次微信询问：有需要她帮助的吗？只是由于我从来不愿多给别人添麻烦，故始终没有打扰过她。

得知书稿完成，林锦珍立即联系在巴拿马旅游部部长古斯塔沃·伊姆先生，请他传来序言。为帮助他写好序言，林锦珍特地把我新书的目录逐字逐句地译成西班牙文：“我要译给部长看看，让他知道这部新书有哪些内容。”

从林锦珍的微信截图上，我看到她先在我的中文目录下标注汉语拼音，然后逐一译成西班牙文。当她对某些中文无法理解时，我便通过微信细加解释，说不清楚时就传图片，使她能一目了然。例如，她对目录中“野生浣熊”就不解其意，我立即传去浣熊照片，她便恍然大悟地回复：“我们叫它neque……”每每此时，她还会谦逊地说：“谢谢给我学习汉语的好机会！”

林锦珍代表的父亲林华康，20世纪80年代初经由香港赴巴拿马经商，现为巴拿马中山同乡会会长。林华康向我介绍，林锦珍高中时成绩优异，曾获全校英、西双语第一名。她同时兼修中文普通话、粤语及法文，曾在中国台湾深造中文，又在巴拿马一家美国跨国公司积累过工作经验。由于素质优越，较早崭露头角，毕业后受到政府的赏识。2009年，年轻的林锦珍被纳入时任副总统兼外交部长、现任总统巴雷拉的视野，成为巴雷拉办公室的工作助理。

2014年7月1日，巴雷拉就任巴拿马总统后立即刷新政府的班底。被总统早已熟识和了解的、年仅24岁的林锦珍幸运入围，并被派驻北京，担任巴拿马中国贸易发展办事处代表。

身为华裔的林锦珍，中文书写稍显生涩，但口语比较流利，只是普通话中带有浓浓的广东腔。林女士注重华裔的文化传统背景，这使得她能以官方身份，为推动中巴两国经济文化交流长袖善舞，如鱼得水地工作。

有媒体报道，2015年12月初，在中国举办的一个国际海事技术学术会议上，巴拿马展区出现了一位穿着白色绣花摆尾长裙、头戴银饰的姑娘和一位身着白衬衫、戴着巴拿马草帽的小伙儿，伴随着欢快的巴拿马音乐，跳起巴拿马传统的“蓬托舞”。

两位舞者是巴拿马在华的留学生。虽然展会主题不是艺术表演，但巴拿马的舞蹈迅速拉近了巴拿马与中国观众的距离。三支舞曲过后，巴拿马展台前面聚满了观众。这场别开生面的巴拿马民间“蓬托舞”，就是林锦珍代表特意安排并奉献给中国观众的一场精彩交流。

2015年8月，受中国对外文化交流协会邀请，巴拿马大学合唱团首次来华交流演出。在北京国图音乐厅的首演中，大学生们演唱了包括《你的气味》《期盼与你在一起》等多首巴拿马及拉丁美洲民间歌曲。林锦珍不仅参与演出，还兴奋地通过微信朋友圈进行全程“直播”。

还有不少中国人常在北京的西班牙语和西班牙文化推广机构塞万提斯学院，发现了林锦珍的身影。原来，她也是母语西班牙语的热心传播者。她经常参加各类西班牙语的文化交流活动，有效地帮助中国青年通过西班牙语，更多地了解西班牙语世界的文明和巴拿马文化。

林锦珍曾对记者说过：“我来到中国以后，遇到的最大困惑，就是没有多少人真正知道巴拿马！我们必须经常举办各类文化交流活动，才能拉近巴拿马与中国人之间的距离。文化活动也有可能为巴拿马赢来旅游业和其他商业的机会！”

林锦珍还多次参加过由她父亲林华康组织的“省亲团”，回到中国的家乡中山市进行省亲交流。

早在学生时期，林锦珍就回到过中山老家。乡亲们至今还记得，这位从小就表现出与其年龄不相称地成熟的女孩，谈吐大方得体，对中国文化和中文尤感兴趣。2011年，当家乡的电视工作者前往巴拿马拍摄专题纪录片《海外中山人》时，林锦珍和林华康父女就热情提供大量协助，帮助摄制人员进入平时实难进入的巴拿马外交部取景。

能被派驻中国担任官方代表，并参与促成中巴两国正式建交，是林锦珍多年梦寐以求的愿景。

就在林锦珍梦想成真不久，中巴两国正式建交了。

这位华裔女孩，终于盼来自己职业生涯中最为向往的时刻。■

五、瞧瞧，这就是咱巴拿马的侨团

1. 花县（花都）同乡会

↓ 作者（左三）在新唐人街，与巴拿马花县（花都）同乡会会长罗记添（右三），巴拿马中华总会副会长、中山同乡会会长林华康（左四），花县（花都）同乡会副会长邱文林，“中国文化中心”经理张雪云（右二）等人合影。

花县（花都）同乡会是我拜访的第一个侨界社团，因此被排第一位。

在宽敞的同乡会办公室内，罗记添会长告诉我，花县同乡会成立于1921年，已拥有95年历史了。“但我们不算最老，还有几个侨团比我们成立得更早。”

花县，现在的行政区划归为广东省广州市的花都区，

故同乡会在名称上需要标明花县（花都）两个称谓。

早在19世纪，大量的花县农民被当作劳工“卖猪仔”，远涉重洋地来到巴拿马打工。因此，在巴拿马成立这一同乡会时，旅巴花县劳工们无不欢呼雀跃，纷纷庆贺“远离祖国花县的广大老乡，从此总算有了自己的家”！

花县（花都）同乡会通过自己的努力，已在巴拿马城的新唐人街上建起一幢令人瞩目的写字楼，一扫华人在巴只是从事苦力的形象。这楼是跻身于巴拿马城众多高楼之中的一个成员，象征着华侨华人正在进入巴拿马的主流社会，同时它也是迄今中国人在巴拿马建造的第一和最高的楼宇，更是同乡会最大的公共产业。此外，同乡会还在蓝山风景区建有花县同乡会公园，园内拥有能够容纳百桌酒席的大礼堂，以及游泳池、篮球场等体育设施。

↑2017年世界华裔小姐大赛，巴拿马赛区选出佳丽。

罗记添会长告诉我：“花县（花都）同乡会在联络乡情、调解侨社内外纠纷、募捐善款、慰问和救济遭受天灾人祸的乡亲、组织春宴和春节文体活动等方面，都作了相当大的贡献。特别是为提升旅居巴拿马华侨华人的社会地位，花县（花都）同乡会积极与巴拿马政府协调，发挥了重要作用，取得良好效果。”

↑2017年10月28日，在由巴拿马花县（花都）同乡会主办、巴拿马广州市花都海外青年联谊会承办的这一赛事上，旅巴华人Jessica Pereira Chong小姐获冠军，Isabel Wong小姐获亚军，Priscila Law小姐获季军。冠军获得的奖品是由巴拿马花县（花都）同乡会提供的一部豪华汽车。（张雪云供图）。

2017年3月19日，巴拿马花县（花都）同乡会会长助理江雄铜发来信息，称当天举行了该会第73届就职典礼，刘杨烈任会长，我所认识的麦杞佳任第一副会长，钟志兵、张雪云等侨界朋友也都各任其职。

2017年6月12日晚，当得知中国和巴拿马建交的喜讯后，巴拿马花县（花都）同乡会立即举办盛大的庆祝酒会，刘杨烈等一批侨领和所有在场的侨胞频频举杯，激动地欢呼祖国与侨居国正式建交，中国旅巴侨胞、特别是来自花县（花都）的众多乡亲，从此有了主心骨！

2. 巴拿马中华总会

侨领何文生先生向我介绍，成立于1943年4月9日的巴拿马中华总会，是当今巴拿马侨界最大的社团。

何文生是巴拿马中华总会的常务副会长。他说，中华总会的理事会由八个地区性华人社团经由选举组成，包括花县同乡会、古冈州会馆、鹤山会馆、中山同乡会、三邑同乡会、赤溪同乡会、清远从化同乡会、苏浙同乡会。

中华总会通过它的工作委员会，帮助各会员协调各社团、商会、民间政治组织开展活动，像一个润滑剂将巴拿马境内的各侨团团结在一起。

中华总会的前身是“中华会馆”，系在巴拿马公共注册处注册的社团。总会宗旨为“慈善机构，联络感情，共谋全侨福利，发展华侨事业，促进中巴文化交流”。

侨胞们对中华总会十分赞赏。他们说，这个社团经常参与慈善募捐，参与火灾、水灾等救济活动，比较重视华侨华人权益的保护，调解侨界内部的纠纷事件，1990年，中华总会曾派代表参与当地政府的协商谈判，以促进颁布

↓巴拿马中华总会常务副会长何文生（右二），巴拿马中华总会副会长、中山同乡会会长林华康（左二），与前来保护侨民的当地警员在关帝庙内合影。

↑成立于1943年的巴拿马中华总会，墙壁上陈列着孙中山先生照片，以及总会历任会长的照片。

有关放宽中国移民入境，特别是放宽对亲属入境团聚的新法令。它还经常举办有中国传统特色的文体活动等。

华侨们还介绍，由于巴拿马中华总会的成立，原来比较活跃的中国国民党巴拿马分部就只好改名为“孙文学会”了，平时仅能举办或参与一些华人庆典游艺活动。

关于中华总会的成立时间，百度记载的是20世纪60年代。网上关于总会的最新信息是，祖籍广东恩平的巴拿马中华总会时任会长黎焕欣，2016年4月曾率团回乡访问。黎焕欣5月返回巴拿马城时，适逢我即将回国，我二人在中华总会有过一面之缘。

↑巴拿马中华总会内，悬挂着中国大陆官方访巴团组赠送的各类锦旗。

3. 巴拿马华侨华人中国和平统一促进会

巴拿马华侨华人中国和平统一促进会成立于2001年1月8日。该会为促进祖国和平统一事业，反对“台独”“一中一台”“两个中国”，做了大量卓有成效的工作，为推动巴拿马众多侨团“反独促统”和侨团的进步改革，起到重要作用。在它的感召下，众多侨团悬挂起了中华人民共和国的五星红旗。

大陆官方媒体曾以《一个颇具凝聚力的侨团组织》为

题，高度评价巴拿马华侨华人中国和平统一促进会。

2016年9月，巴拿马华侨华人中国和平统一促进会的新一任会长麦杞佳应邀回国，出席“广东—拉美国家侨胞座谈会”。他发言盼与祖国有关部门合作，为巴拿马培养专业的幼儿中文教师。

麦杞佳会长是一位正直、热情的侨领，长期致力于推动祖国和平统一事业。他自1988年从广东来巴拿马后，从苦力做起，一直成长为商界精英和旅巴侨领。2011年9月在佐里拉市发生五名华人青年被害惨案后，时任中华总会负责人的麦杞佳决定发动巴拿马全国侨胞罢市一天，并联合四十多个社团发起游行示威活动，影响遍及拉美乃至全球。

我与麦杞佳多有交流，深感他视野开阔，思想很有深

↓ 位于科隆市的中华公所。

度，乃为侨界佼佼者。

4. 中山同乡会

中山同乡会成立于1925年，是以中国广东省中山市侨胞为主要参与者的侨团。该会的前身为香山公所，1984年建新会馆时更改现名。

会长林华康先生告诉我，中山人侨居巴拿马始自1850年。中山同乡会二十多年以来，积极开展社团中青少年体育活动，所组织的中山乒乓球队名震中南美洲，吸引了大批年轻的中山籍乡亲加入同乡会。该会联络乡谊，多次组团参加家乡或世界中山同乡联谊大会，并倾情于家乡教育、公益事业。同乡会还号召同胞发挥华侨爱国爱乡精神，积极参与社会慈善活动，促进中巴两国人民之间的友好往来。该会坚决拥护一个中国原则，致力于促进祖国和平统一大业，坚决反对“台独”。

↑ 位于巴拿马城老唐人街街口的牌坊。

林华康会长不仅热心致力于祖国和平统一事业，也是积极地参与社会公益活动的中坚与翘楚，在侨界中颇有威望。

林华康和妻子梁秀娟在中国的家，位于广东省中山市南朗镇的西江里村。20世纪80年代初，夫妻经由香港赴巴拿马经商。

林华康现为巴拿马侨界德高望重的侨领，担任巴拿马中山同乡会会长，也是巴拿马中国城商业基金会创始人兼董事长、巴拿马中华总会常务理事。尽管人在巴拿马，他却兼任广东省中山市人民对外友好协会名誉顾问和中山市侨商会名誉顾问。

↑ 巴拿马中山同乡会会长林华康正在辨识镌刻在“古冈州会馆”铜质器皿上的字迹。

这位侨领中等个头，相貌堂堂，戴一副无框眼镜，注重礼仪衣着，乍看像一位学者，平素热心助人，性格平和低调。

林先生对我在巴拿马的采访给予了热情帮助。就在我走出巴拿马城的国际机场时，第一个迎接我的就是他。原来，林先生头天晚上接到女儿发来的信息，受托专程赶到机场接我进城，并为我预订了抵巴初始三天的酒店房间。

不仅如此，我在巴拿马城顺利开展采访交流活动，特别是深度融入侨界了解情况以及采访旅游部部长伊姆先生，他均起到重要的纽带作用。

与林先生接触后我得知，侨居海外的他，十分注重对下一辈的倾心栽培。林家三个女儿均学业有成。老大和老三毕业于美国名校，现供职于美国药品研究公司，担任化学工程师；二女儿林锦珍在美国攻读外交和国际工商管理的学位后，即跻身于巴拿马外交部外交官行列，并被派驻中国商务代表处担任代表和中巴建交后巴驻华使馆临时代办。林先生本人在经贸事业上也卓有建树。他被巴拿马华人圈引为众人羡慕的楷模。

2016年5月，林华康夫妇在赴美出席女儿毕业典礼返回巴拿马后感慨地对我说：“华人要想在世界真正崛起，必

↓ 作者（左四）访问位于佐里拉市的巴拿马赤溪同乡会时，与会长张俊华（右四），巴拿马省西部中华公所主席、老一辈著名侨领罗银洲（左五），中华总会常务副会长何文生（左一）等合影。

须接受良好教育，提升自身素质，承担社会责任，否则难有光明的前景。”

↑ 老唐人街的街口。

5. 赤溪同乡会

赤溪同乡会是以广东省台山市赤溪镇的侨民为主体的巴拿马侨团。注册时间为1933年10月25日。起初会员仅十余人，后逐渐增加。会馆坐落于与巴拿马城毗邻的佐里拉市（Chorrera）的小镇上。

我造访过他们的会馆，那是一座上下两层宽敞洁净的小楼，墙面布置着不少相框，全是赤溪侨团珍贵的历史照片。在一个较大的空间，侨民们既可集会又可打球运动。罗银洲会长介绍说，该会不仅注重弘扬侨团传统，凝聚侨民精神，还在侨民遭遇意外和不测的关键时刻挺身而出，与当地警方合作，有力维护侨民合法权益，确保侨民能够安居乐业。

罗银洲会长与大多早年来自中国大陆的侨胞不同。他是1947年出生于巴拿马的二代华人。他们的父辈即为饱经磨难的中国劳工。我与罗银洲数次接触后发现，在他仁厚豁达的胸襟里，一直拥有对祖国的赤诚挚爱和对侨胞们的无私奉献。罗银洲为人低调谦逊，不愿张扬自己无私奉献的高尚作为。但我获悉，多年来罗银洲带头捐款资助巴拿马的学校、医院、老人院和孤儿院，每逢有灾民需要帮助时他更是不吝资助。他在巴拿马社会为中国侨民赢得了声誉，不少华侨华人以他为榜样。

↓ 古冈州会馆内，旅巴华人史志工作者谭坚（左）和何文生正在交谈。

6. 古冈州会馆

成立于19世纪的1899年、注册于1904年4月的古冈州会馆，是活跃于巴拿马的一个历史悠久的维系同胞亲情的联谊组织。一百多年来一直赢得旅巴侨胞的信任与爱戴，至今依然生命力旺盛。会馆为弘扬中华文化，连接乡亲情谊，发挥了巨大作用。

↑ 巴拿马中华总会常务副会长何文生介绍老侨团“鹤山公所”。

7. 巴拿马鹤山公所

巴拿马鹤山公所成立于1920年，以广东省鹤山市侨民为主体，是巴拿马侨社历史上较早成立并发挥作用的侨团。在20世纪30至50年代巴拿马政府排华政策下备受摧残。自1952年起重修章程，明确宗旨：联络乡情，为侨民排忧解难，奉行政府法令，提倡公益事业。在现任主席何文生领导下，公所正为建设有生气、有活力的侨社而努力。

8. 巴拿马人和会馆

巴拿马人和会馆成立于1860年。该社团拥有巴拿马老唐人街上令人瞩目的关帝祠，会馆经常主办各类活动，谒拜关圣帝君，以彰显尊贵传统文化，弘扬关帝的忠义仁勇精神，以促进海外侨胞和谐团结、互助互爱的侠义精神。2013年，人和会馆为巴拿马中国公园捐款2万美元。

↑ 人和会馆。

9. 巴京同庆堂

巴京同庆堂是在巴拿马最早成立的中国侨团，诞生于1854年，注册于1857年，注册时尚无巴拿马政府，而是它的宗主国哥伦比亚政府。

巴京同庆堂成立之初，即在老唐人街建起一幢两层的楼宇作为会馆办公场所，同时作为修建巴拿马铁路及后来开凿运河期间，从祖国来的劳工，以及自旧金山往返秘鲁的中国船客和苦力同胞们在巴拿马时的廉价落脚之处，颇似中国同胞的接待站或招待所。

1987年，这幢具有历史文物价值的同庆堂突因火灾而被焚毁。后由赤溪侨领罗银洲、罗文波、朱耀芳等人士出资重建，并于1997年落成今日新馆。

10. 巴拿马华人工商总会

成立于1999年7月28日的巴拿马华人工商总会，旨在为中巴两国文化交流和人民友好往来穿针引线。其主要职能为接待来自中国的各类代表团，组织来巴团体开展活动，并帮助其与巴拿马政府和社会各界开展工作联系。工商总会还在巴拿马举办中文培训班，传播中华文化。■

↑巴拿马中华总会常务副会长何文生（右二）、秘书长曾广天（左一）等侨领在唐人街关帝庙内。

→中国洪门致公党驻巴拿马总支部办公室，设在老唐人街的二楼。

中國洪门致公党駐巴拿馬総支部
ECONOFIESTA
Ventas al por mayor
TEL.262-2625·262-2761

六、华人社团的谒拜，礼数最地道

抵达巴拿马的第一个早晨，我就向中山同乡会会长林华康和中华总会常务副会长何文生提出，可否送我去中国人在巴拿马的精神归属地——中华先友总墓庄重谒拜？

林、何两侨领立即应允，并细心备妥一应祭品。

这处公墓，我在来之前就早已知晓。它非常出名，是

↓ 华安义庄内始建于光绪八年的中华先友总墓。

中美洲地区最为壮观的一处华侨华人陵园。

我们驱车来到巴拿马城郊，很快抵达公墓。

公墓的大门为西式拱券造型结构，庄重又不失灵秀。园内的椰子树高耸蓝天，树下白花花一片，那是参差不齐的石碑。与大门相对的，是在宽大平台中央竖立的墓碑。

我屏息轻步上前，唯恐打扰逝者的安宁。我们在墓碑前点燃香烛，焚烧纸钱，然后肃立良久，面对用颜体楷书写就“中华先友公墓”字样的碑，轮番郑重地行哀悼三鞠躬大礼，以对捐躯于巴拿马这片热土的万千名中华儿女同胞表达深切的缅怀与敬意。

这座公墓是中美洲地区最大，也是最有影响力的华侨华人公墓，它伴随着华人在巴拿马的奋斗史。

1882年12月21日，中国旅巴侨胞凑足2000美元，买下位于巴拿马城去往Boca公路旁的一块斜坡地，经巴拿马第二巡回法庭公证师公证后，“华安公所”就此诞生。公所既是中国人在巴拿马的华侨社团，这里也是中国人在巴拿马土地上最早建造华人墓园的地方。

1883年1月6日，当中国人在这块土地上举行公墓祭奠典礼时，巴拿马人好奇地围观，发现中国人并没有想象中的那般悲凄，而是相当“愉快”。

1883年1月7日，英文报纸《星报》(*Star and Herald*)，这样报道中国人的祭奠仪式：

↑ 作者向已逝的旅巴华侨华人先民鞠躬致敬。(何文生摄)

6日上午，在去往Cerro Ancon的路边，中国人举行了一场新奇而愉快的典礼。说它新奇，因为这是中国公墓基碑的奠基典礼；说它愉快，是因为这场典礼为中国人对信仰、思想、观念的自由态度，提供了一个典范。

这一理念正是我们光荣争取国家独立的目的。

现场搭起了一座帐篷，棚下人们聚在一起，棚内置一临时神坛，其上悬有上帝像，前有一供桌，上供有烤猪肉及鹿肉，还有一只生的全猪，肯定这代表着某些意义。

参与者包括许多不同国籍和宗教的人士，虽然这是一场陌生奇特的典礼，但无人流露出丝毫的轻嘲。这证明宗教自由已成为人们的共识，而这在巴拿马恰好就是鲜明的例证。

上午10点左右典礼结束，宾客散去。而儒家后代子孙安葬于巴拿马墓地的初步工作，也终于圆满结束。

这场祭奠是在晴朗亮丽的日子里举行的。四周香烟缭绕，蜡烛高烧，并混合着鼓磬声。人群中有不少是贵宾和政府官员，他们在完成祭奠典礼后，即应华安公社之邀，继续出席一场盛大的餐宴。

就在这次餐宴前的数日，墓地工程已经开始。中国人建成一个祭祀用的墓园，入口为一拱门，上饰以大理石碑文，如同中式的大门。这些建筑现在还存在。

墓园正式落成的日期是1911年12月17日，但是在落成前十天，已经有一名出生于1907年5月15日、名为Doris Sam的小女孩业已先期安葬于此了。她的尸骸现仍安葬在墓园里，碑上刻有中英文字。其旁有一小方碑，那是一个公墓冢，专门安葬无人认领的尸骨。

进入墓园的主要入口处设有一牌坊，两柱之上有一白色石板，上刻有华安公社四个中文字，由1909年中国清朝派驻秘鲁全权公使伍廷芳赴任途经巴拿马时所撰写。

中国人有用食品祭祀祖先神祇，后再与家人分食的文化习俗。对西方人而言，这是很奇怪且不洁净的餐宴行为。但这种行为方式源自中国人的意识，借此与祖先神祇沟通并使生命永续。

↑ 侨领林华康（右）正在向巴拿马城警员讲述华人旅巴历史。他的手指处为4岁华人女童朵丽丝·萨姆的坟茔。

↑ 年仅4岁的华人女孩朵丽丝·萨姆的坟墓。

这是巴拿马的主流媒体有史以来第一次饶有兴致地报道在巴中国人的活动。

上文所提到的名为Doris Sam小女孩的墓碑，安放在园内深处，被我细心找到并拍摄了下来。

考虑到墓园地处偏僻，为了确保我采访时的人身安全，林华康与何文生先生还特地请来两位荷枪实弹的警察随行护卫。在离开墓园之前，两位年轻的警察提出希望与我们一起合影留念。■

↑ 承担安保任务的两位巴拿马警察，主动提出希望与中国朋友合影。

巴拿马的自然风光。

七、巴拿马的红脸关公，咋就成了黑脸？

中国人在巴拿马，焉能少了关公？

巴拿马老唐人街上的关公祠，是中美洲地区侨界最大的一处关公祠。

在老唐人街的一幢旧式楼房的二楼，坐落着巴拿马华人重修以后的同庆堂会馆和古冈州会馆。

↓在老唐人街的“关帝宝殿”，侨界史志工作者谭坚（右）向作者介绍情况。（林华康摄）

推开会馆的铁门，沿着狭窄楼梯走上二楼，赫然见到关帝神殿的中央，醒目置放着装饰堂皇的圣坛，其内供奉着脸红得发黑的关帝的神像——被华人奉为至高无上的精神领袖和护佑神祇。

三国名将关云长，是公元前三世纪帮助蜀帝刘备的名将。此公乃身躯魁梧、面庞赤红的美髯公，德行忠诚正直，侠肝义胆，特别是热心扶贫济弱，打击凌霸歹徒，更相传能降妖镇魔，因而备受华人的尊崇与膜拜。

历来不计其数的浪迹天涯者，大凡备受欺凌压榨且孤苦伶仃、孑然无助之际，能想到的精神寄托，便是这位勇敢无畏的大侠了。这，就是海外华人如此地信奉崇敬关公的根本原因。

这种精神寄托，何尝不令人戚戚然？

我默默地点燃一把红香，轻轻插入祭坛的香灰中。

透过袅袅的轻烟，我的目光投向被花团锦簇包围着的、高高在上且怒目圆睁的、面庞黑中泛红的关公像。

注目，低头，鞠躬，膜拜……

在这座殿堂内，还陈列着与关公塑像相配套的中国传统礼器。包括古代官员升堂时两侧木架上插着的书有“回避”“肃静”字样的牌匾。

在场侨胞谭坚先生，指着殿内一些器皿告诉我，这些物品年代久远，至少是清代文物。人和会馆和古冈州会馆尽管几经整修与重建，但关公圣像和观世音圣像，永远是供奉在厅堂最主要位置的两大神祇。这些圣像都是早期华人随身携捧带来的。

谭坚、林华康、何文生等人都认为，旅巴华侨华人的精神生活和对生命的信念，基本上是建立在儒、释、道三家的宗教哲学基础上。旅巴侨胞们相信宇宙存有至尊神祇，神祇也被称为帝或上帝，在天上主宰人世间的一切。统领人类的上帝并不直接与个人交互沟通，但天心神旨却常透过民心趋势予以宣示教化人。

在中国人的心目中，儒家并不是一种宗教，既没有繁复的宗教仪式，也没有所谓的死后裁判，而是一种哲学思想，一种伦理制度。但是，儒家思想拥有固定程式的教育

↑ 侨社简陋的祭坛，透出一股暖暖的中国传统文化气息。

↓ 制作于光绪丙午年的木质对联，历经百年，至今保存完好。

↑ 位于老唐人街“古冈州会馆”二楼的关公庙，是旅巴华人常年前往的谒拜之地。

形态。儒教认为，至善的人类道德可统领一社会并治化一国。道教源自于一种哲学思想，后转变为宗教形态。它的哲学观认为生死乃宇宙自然现象，人类必须随顺此自然理则；然而它的宗教观却是教导人们如何炼丹长生不老。佛教则是一种直观式的实践宗教，尤其强调宇宙间因果循环不灭的戒、律法则，灵魂也永世历经循环而存在，直至涅槃。基于这样的观念，佛教建立了一套完整的祭祀礼仪、宗派制度和许多神祇。旅居海外的中华儿女，对中国传统中的儒释道，无不全面崇拜并一体礼祭，好像西方宗教所崇奉的圣灵、圣父、圣子三位一体一般，却不太计较这三位圣哲思想体系间的差异性。在中国民间，通俗信仰更是融合了社会宗教，认为超凡的天上神祇不仅有类似凡人的形貌举止，甚至还会投胎世间化身为凡人。

正是在这种哲学的指导下，中国华侨的信仰目标集中于创造一个稳定的群体社会，其实践基础首重家庭，即彰

“关帝宝殿”内设的祭祀案台，祭物完备，整齐洁净。.

↑ 中国明代的织绣锦幡和红木太师椅，乃是关帝宝殿的“镇殿之宝”，也是难得一见的珍贵文物。

显个人的修身、正心、诚意等伦理道德。因此，中国传统强调五伦的观念，即君臣、父子、夫妇、兄弟、师友等人际关系，这五伦关系得先从家庭实践圆满，进而发扬向外开展以至于社会群体，其后自然能使人民尊贤敬老、崇奉祖先而社会一片祥和了。除了对祖先崇敬之外，中国人对古圣先贤也都崇祀礼祭有加。

怀着虔诚的信仰，中国人在漂洋过海来巴拿马时，也将他们的信仰和所供奉的神祇、祭祀礼器等，悉数带到巴拿马这块土地上，搭起小庙重新安置信念中的神明祈求护佑。1912年建于巴拿马牛口市的侯王庙、1898年建于巴拿马市及1899年建于科隆市的祭拜关公、孔明、孔夫子等先圣的寺庙，相继成为在巴侨胞为之守望的精神家园。

中国人早期移民巴拿马时，基于乡谊彼此相约结社，这些社团多具有宗教性质，例如最早的人和会馆（1877），华安公所（1882），人和会馆（1898），同庆堂（1898），古冈州（1899）等，以及后来陆续在巴拿马老城创立的唐人街，都是这种性质的信仰结社。■

↑ 位于巴拿马老城老唐人街内的关帝庙内，陈列着中国明清时期多种祭祀与衙门常用器物。

老唐人街的“关帝宝殿”设于中式“美味烧腊铺”的楼上，三楼是“人和会馆”。

壽無疆
浩氣貫乾坤

红脸关公在巴拿马成为黑脸。

八、籍籍无名的中国人，因何而来巴拿马

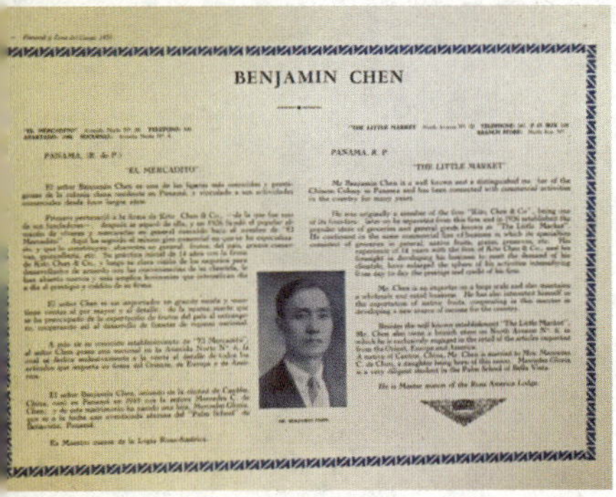
BENJAMIN CHEN

PANAMA, R. de P.

"EL MERCADITO"

PANAMA, R. P.

"THE LITTLE MARKET"

↑陈列于巴拿马国家历史博物馆的、由巴拿马政府颁发的第一份中国企业营业执照。上写明持照人1913年自中国广东来到巴拿马，1922年开始经营巴拿马第一家中国家庭式杂货店。本执照颁发日期为1933年。

中国人最早因何而来到巴拿马？

在中国，比较难以找到权威的史书以阐释这段历史；即使中国社科院拉美所编纂的《拉丁美洲史稿》，其中对巴拿马华人的迁徙史似也语焉不详。若非亲自来巴拿马走一遭，我断然也不会知晓原委，但现在能说出个大概了。

据中国《梁书》载，东晋僧人慧僧于公元449年抵达今日的墨西哥——这是最早的记载中国人迁徙到拉丁美洲的文字。

从19世纪中叶开始，西班牙及法国开始从中国向拉丁美洲输出契约劳工者，两国输出拉美的中国劳工人口占总数的54%，英国、美国、葡萄牙和荷兰步随其后。1847年，第一批中国劳工来到古巴种植烟草和甘蔗。两年后的1849年，又有一批契约劳工抵达秘鲁开采鸟粪磷矿。

中国劳工大多来自东南沿海省份，如福建的厦门，广东的中山、鹤山、开平、恩平、南海、台山等地。

当时年轻的中国人轻信外国人口贩子的巧言利诱，以为拉美的街道真的铺满金银任人拾取。这些青年劳工以为暂时远渡重洋卖苦力后能够赚到大钱衣锦还乡，因此不少人受骗签约。还有不少人则是被在街头强行掠夺上船，更有因欠赌债等被迫上船。

远航中，所有中国契约劳工均难以忍受漫长的、最长达168天的海上航行，许多劳工途中死于疟疾、伤寒等病症，因此途中抗议骚动频繁。据史载，那些年有13艘载运劳工的船舶因骚动而被迫中途返航，所幸全船劳工重获自由。

1852年，曾有300名中国契约劳工乘船前往新格拉纳达，途中有72人死亡；1853年有425名中国劳工再度赴新格拉纳达，途中96人失踪。史学家分析英国政府移民档案上的这一记载后认为，中国人当时前往的新格拉纳达，正是今天的巴拿马。

这是对中国人来巴拿马最早的文字记载。

但是，中国人登陆巴拿马的精确时间记载，乃是1854年的3月30日。记录这一历史时刻的，恰是《巴拿马日报》（*Panama Herald*）。

那么，一百六十多年前的殖民者，将大批的中国人骗卖到巴拿马，其目的何在？

原来，当时的巴拿马正在巴拿马地峡建造连接太平洋与大西洋的铁路，亟须大批劳工前来开山筑路。中国人是作为承担最苦最累工作的苦力，而被骗到巴拿马来的。

为巴拿马铁路的建造，每一个可怜的中国劳工都被敲骨吸髓，压榨至极，最终尸骨难归。

1850年4月15日，美国铁路公司Aspinwall, Lloyd-Stephens and Chauncy 和当时的新格拉纳达政府联合成立巴拿马铁路公司，开工建造一条纵贯巴拿马地峡的铁路。这条铁路全长75公里，连接巴拿马城和科隆两大城市，至1853年时已有37公里完工，载运了32111位旅客。1854年时又完工50公里，载客人数30108人，其营运净利已超过100万美元。

为了修建铁路累死累活的中国苦力，个人所获的工资却累遭盘剥，极为低廉，每一劳工日工资仅为8美分。

来自遥远中国的劳工，于1854年的3月30日登陆巴拿马，当日就吸引了当地媒体采访。第二天，即1854年4月1日，《巴拿马日报》第二版发表了下列通讯文字——

海巫号帆船船长G. W. Fraser和Dorrance医生，载运705名中国劳工从中国的汕头出海，经61天的航程，已于昨日中午抵达港岸。

海巫号此行顺利，尤其是成功地载运了中国劳工，航程中仅11名劳工死亡，安抵港口的有701名，4名伤残，且全部是男性华工，看上去身体状况良好。

据了解，这些中国劳工在航行途中表现非常良好。

这艘海巫号帆船，为Howland and Aspinwall海运公司所有。它全长190英尺，巨桅，船首雕有龙身。

该商船于1846年在中国下水，1854年开始航行纽约至旧金山途经好望角，仅需时89天，而从广东至纽约仅费时81天，从而声名大噪。其中它有两次创造了航运纪录，即从广东驶向美国西岸仅费时33天。

当年这批中国劳工，在中国启程的码头地点多为厦门、福州、香港、澳门、汕头、黄浦等广东省沿岸城镇。驶来巴拿马的船舶通常需先抵达Taboga小岛，人员下船卸货后，再搭乘小船转运至巴拿马市区的Prieta海滩。这里正是今天巴拿马城公有市场旁的稽税码头附近。

据当时的报纸记载，中国劳工们上岸后，即开始受到当地人们的围观。

原来，首批抵达的中国劳工一上岸就水土不服地病倒了。一个星期中，竟有八十余人病卧在床。

而沦为异乡劳工的中国人更是绝望：这里哪有人贩子所描绘的“遍地黄金”啊！巴拿马处处显现出的落后与原始，与中国劳工心目中存有的美好幻象，竟是如此天差地别！

不仅如此，中国劳工们面临新的痛苦，是冷酷无情的人文环境，以及热带疾病如黄热病、疟疾肆虐的自然条件。更有繁重严苛的苦力劳作等着他们。

1854年8月21日，《巴拿马日报》在第二版社会新闻版，以《一群潦倒的华人》为题这样报道：

据报，上周警方逮捕17名遇难落海被救上岸的华人，他们贫病交加倒卧街头，有碍交通与公共观瞻。

现这批华人已被送交到Prieta海滩的铁路站，但是铁路管理人员拒绝回答任何有关这些华人的问题，同时对警方的态度不甚友善。

相继抵达巴拿马的大批华工，其职业背景并非单纯劳工，而是复杂多样：他们中有读书人、诗人、木匠、哲学家、书法家、音乐家、画家、建筑师和医生等。他们都对风水、茶道、戏剧、吟唱等中国传统文娱活动有所了解和爱好。

中国劳工下船病倒之后，即被当局送到远离繁华市区的荒芜郊区。那里地处热带沼泽与原始森林，空气潮湿炎热，藏满野兽和蚊蝇。

这一特定区域距离Gamboa村庄较近，毗邻Chagres河及Obispo河交汇所形成的巨湖一侧，附近有许多木棉树，野猴经常出没其间。成群的中国人被滞留此地，衣食无着，病魔缠身，接连死去。死后的尸骨被就地掩埋，于是很快这里就出现一座座新的坟茔。

现在考据得知，当年中国劳工落脚的寮棚即葬身之地，乃现今Gorgona及Camboa 两村之间、巴拿马运河水道西侧的荒芜之地。这里现在还沿用巴拿马土著居民所起的地名“Matachin”，即“华人冢”！■

↑巴拿马中华总会常务副会长何文生（左）、总会秘书长曾广天（右）和作者在“华人抵达巴拿马150周年纪念碑”前留影。（麦杞佳摄）

重峦叠嶂的巴拿马。

九、每一根枕木，就是一条华工性命

↑ 1852至1856年，来巴拿马的华工约达两万之众，他们大多为修建铁路而捐躯。（资料图片）

↑ 据史料记载，19世纪中期（中国清道光年间），已有中国劳工来到巴拿马。（资料图片）

1907年12月25日，《运河记录》（*The Canal Record*）杂志第一卷第十七期载文披露了美国运河区首任总督乔治·W. 戴维斯（George W. Davis）将军对“华人冢”地名起源及背景的说明。

Davis总督提到有关不计其数的中国劳工在修筑铁路中死难的悲情历史。

他说：“多少年来人们这样流传说道，假如每一根铁路枕木铺设的代价，能够代表一位筑路工生命的牺牲，那么我们会很惊讶地发现，全路程共有十四万件枕木。这意味着当年筑路华工的牺牲是非常众多的。”

1861年巴拿马人口统计资料表明，巴拿马城居民尚未超过一万人，但是在1855年至1859年四年之间却有19.6万个中国劳工登陆于巴拿马。这些数字尚未包括那些患有重大伤残疾病的劳工。

我还从一份资料中发现，1879年至1880年，法国人掌管的巴拿马运河公司，曾经雇用了1000名以上的中国劳工，并准备在1887年至1889年雇用更多的中国劳工。但由于从中国越洋旅运的高死亡率，以及广东省政府的干预，最后仅有424名华工被运抵巴拿马。其后在1889年至1890年间运抵巴拿马的中国劳工约5000名，大部分参与了法国公司的运河凿建工程。

有关筑路中国劳工在此期间天文般死亡数字的传说，就很难不被人采信了。

来巴拿马的中国劳工全都是单身男性，家眷不许同行。在巴拿马当地，这些血气方刚的小伙子们并无机会与当地女子缔结亲情。每天下工之后，只得返回营地盥洗用餐，通过闲话追忆遥远家乡琐碎趣事以打发时间。一些喜欢赌博的年轻人，只能聚在一起靠赌牌九、麻将或唱拳聊以度日。而英国人利用中国人吸食鸦片的习惯，继续把鸦片贩卖给这里的华工，以便在经济上牢牢控制他们以防外逃。

↑ 华人墓地内坟茔密布。

据记载，仅在1852年至1856年，从香港和澳门上船进入巴拿马的华工就有两万多人，而从大陆沿海各省来的人数，加起来竟达十余万之众。虽然至今仍然无法确切知道来巴拿马的中国劳工总数，但贯穿整个巴拿马东西线的浩大铁路建筑工程，东线多是由爱尔兰劳工修筑，西线铁路则多由中国劳工负责。由此可见中国劳工的人数之庞大。

1913年10月10日，经过最后几天的密集的炸药爆破声及机器开凿的轰隆声，就在这天的下午2时，于细雨霏霏之中，戈索尔斯（G. W. Gothals）上校和运河委员会的成员，以及来自巴拿马、科隆两地的贵宾共同见证了Chagres 河水逐渐淹没了Gamboa 水坝及Pedro Miguel水闸之间最后一段干地。

巴拿马运河开凿成功了。

1992年8月27日，巴拿马市政府颁布第43号决议，表彰华人社团及早期中国劳工的贡献，并设立一座纪念碑，用于缅怀中国劳工为修筑巴拿马运河与铁路作出的牺牲。■

↓ 太平洋铁路每一根枕木下，都有一具筑路工的尸体！太平洋铁路全长3000多公里，穿越了整个北美大陆，其建设过程极其艰难。100多年前，中国劳工在巴拿马修建铁路时，受到非人待遇。据美国《美西大陆铁路的无名建筑者》记载，华工为此工程至少死亡了1000人以上。（资料图片）

十、华人冢，旅巴侨胞的悲凄“哭墙”

旅巴华人中，有一座堪比耶路撒冷“哭墙”的心灵憩园——“华人冢”。

“华人冢”，早期中国劳工的伤心之地，更是漂泊游子永久的灵魂安息之地。所有来巴拿马的华人，不论短期访问还是长期居留者，都应该恭恭敬敬地前去谒拜。

由于思乡心切、气候不适、疾病缠身、语言不通、饮食障碍、习俗相悖……尤其是当鸦片烟源断续不继时，许多中国劳工对生活感到绝望，失去信心，因而普遍出现悲观厌世甚至做出轻生决绝的人生选择。

此刻的中国劳工中，不断有人刎颈自裁，有人将梁钉削尖，奋力弯身戳破喉管流尽鲜血以自戕，还有人自卧铁轨，更有人以自己的长发辫作绳索悬梁自尽。

一条条鲜活年轻的生命，就这样葬送在了大洋彼岸的陌生土地上。

这一幕幕绝望景象，弥漫于整个中国劳工人群，无人不感到痛彻心扉。险恶的现实，正是对中国劳工美好初心的无情讽刺。谁人能够想到，无数中国人抛离故土亲人，漂洋涉海来到巴拿马，等待着自己的，会是竞相自尽的悲凄人生结局。

当地原住民猛然发现，这些来自万里之遥的年轻中国人，忽然会一个接着一个地在他们面前悲惨自戕，而且尸体腐烂无人掩埋，越积越多，整个地区恶臭难闻，惨状触目惊心，不堪忍受。原住民视此地为凶险的“不祥之地”，纷纷被迫搬迁他处。

从此，这一区域传名为“华人冢”。它的西班牙文为“Matachino”，mata为“杀”的第三人称，chino为中国人的名词，合为非正规语意：“自杀的中国人”，或“中国人自杀之地”。

这里很快沦为人见人怕、人见人躲的、专指中国人自决生命的地狱之门！

时光，进入1913年。

巴拿马铁路和运河的浩大工程相继完工。

随着运河水道的终于贯通，滚滚河水席卷而来。华人冢，修筑铁路时期的这个历史小镇，立即被河水淹没得无影无踪。万千华人的尸骨沉浸河底……

但是，华人冢这处地名，人们并未忘却。不知从何时开始，“华人冢”竟成为巴拿马城至科隆的铁路正式站名，它距离今日Frijoles小镇甚近，“华人冢”的铁路站名沿用至今。

↑ 巴拿马规模最大的华人墓冢——华安义庄。

中国劳工自杀惨剧的接连发生，也给巴拿马铁路公司带来社会压力。铁路公司决定将剩下的中国劳工迁往他处，而改用牙买加黑人为苦力。于是，有175名中国劳工被从巴拿马转卖到牙买加的奴隶主手中，他们去往那个小小岛国，在甘蔗田辛劳务工聊度余生。

由于这些中国劳工大都在中国时本为农民，农活是其擅长，因而在种植甘蔗、烟草中自然地展示了自己的优势。中国劳工的务农天分，一下子就得到英国人和西班牙人的认可："中国人太擅长农作种植啦！"

牙买加、古巴、海地、秘鲁等国的奴隶主们，对中国劳工的种植技能大喜过望。从此，加勒比地区竟然再度掀起从中国输入农业苦力的风潮，大大缓解了加勒比地区甘蔗和烟叶种植的劳工匮缺之困。

巴拿马铁路建成以后，便捷的运输使这一地峡立即成为世界闻名的交通隘口。前往加勒比地区的各国旅客，川流不息地往返于这个国家。巴拿马于是立即成为接待大批中国移民的转运站。新来的中国人，就是以巴拿马为抵达美洲的第一站，再转而前往牙买加、秘鲁、海地和古巴等国的。

各国来客带来不同的风俗文化与思想观念。巴拿马的社会观念也大为开放。少数仍留在巴拿马的昔日中国劳工，开始利用巴拿马城的便利交通，做起主要是接待新来中国人的生意，有些像今天的旅行社。他们中间已经有人开始与当地黑人或土著印第安人的女子结婚生子，也有人开始将家乡亲人从中国接来，共同开创新的生活。

自从铁路和运河工程相继完工后，强迫中国劳工付出艰苦体力劳作的野蛮需求不再，被迫自戕于"华人冢"的中国劳工数量迅速减少乃至绝迹。

今天的华人冢周围，早已旧貌变新颜。

这片土地上昔日的居民们，搬回故居附近。他们在运河上划着独木舟往来其间，向过往的船舶兜售舟上满载的橘子、香蕉和木薯，还用香蕉叶遮护着的新鲜水果。

在他们身边的铁路线上，呼啸的火车穿过村落。由于这里交通便利，火车站也设在当地，这些年不断有新的工厂落户于此。这使得小镇拥有包括著名品牌在内的多个厂家。小镇的居民也能安居乐业，十余家名厂坐落于此，显示着小镇的兴旺。人们在这里可以方便地购买服装、香水甚至火药，还有当地生产的罐头及朗姆酒。

放眼当今之“华人冢”，一派欣欣向荣的小型现代化城镇模样。

但是，我心中的悲戚之情依然汹涌。

试想今天还有几人能够知晓，就在距今并不久远的昔日，在这片黑色土地之下，曾经无情掩埋过多少中国劳工的斑斑血泪，也无情掩埋过他们的梦想和家人的期盼！

2004年4月2日，曾经有11位来自加拿大的前巴拿马中国劳工的后裔，专程前来“华人冢”献花，在祭奠自己祖先的同时，也为献身于巴拿马的中国劳工献上一瓣心香。但这种祭奠的记录并未延续。

我是在巴拿马时无意间瞥见这幅小照片的。

看到11人向运河掷花的场面，我的心颤抖不已。

我多么想大声地呼吁，生活在巴拿马的侨界侨领们，你们真的应该为“华人冢”设定一个专属的祭奠日子。就像以色列耶路撒冷的“哭墙”一样。每年的这一天，都有人前去祭奠、献花。

不要忘了，没有这些中国先驱，以及没有世界多国劳工当年用宝贵生命作为代价，哪里会有今天宁静的“华人冢”也不会有如今巴拿马的发展与繁荣。

没有这批中国人，哪里会有今日巴拿马侨界社会的尊严与兴旺。

今天的巴拿马共和国，包括全体旅巴的中国侨民，都永远不应忘却一百多年前，这些来自中国的伟大的先辈拓荒者们！■

十一、曾经的排华恶浪，终被平息

↑ Wasp杂志1882年刊登的排华漫画：“中国人必须滚出巴拿马！”（资料图片）

巴拿马从建国开始，政府所出台的政策就显露出对旅巴华人歧视与排斥的倾向。亚洲来的黄种人成为处处受限制的外来种族。巴拿马本地商人早就因为做生意难以与华商竞争，更是伺机而行，利用政府制定的政策推波助澜，实施排华。彼时，华人难于在巴拿马安居乐业。

早在1906年，巴拿马外交部就以社会经济和公共卫生上的理由，禁止所谓的“蒙古人种”（即中国人）及“闪族人种”（即犹太人）移民巴拿马。政府认为“这些民族的生活方式及文化，不适合居住于巴拿马”。

1913年3月24日，巴拿马总统贝利萨里奥·波拉斯·巴拉霍纳（Belisario Porras Barahona）颁发了一系列禁止外国人士移民的法案。其中第50号法案，采取诸种管制移民措施，极大限制和伤害了旅巴华人的尊严及利益。

1913年9月17日，巴拿马政府公然撤销中华民国国民政府派驻巴拿马领事欧阳金的领事证书，指控他鼓动华社反对巴拿马政府推行第50号法案。软弱的中国国民政府无力交涉，只好改派中国驻澳大利亚大使馆秘书Hung Chong Kong（音）赶赴巴拿马，以接任欧阳金的领事职务。

同年，巴拿马政府更是狂妄地推出恶法：责令拥有合法居留权且遵守法令的全部中国移民，必须在72小时之内离境。

华人闻讯后悲愤交加。想当初，巴拿马修建铁路开凿运河需要苦力时，便以强制“卖猪仔”的方式从中国贩卖来数量惊人的中国劳工。大量中国人累病交加，不得不把生命葬送在这个陌生国家。

现在，铁路修好了，运河开通了，巴拿马政府便要

“卸磨杀驴”，竟然驱赶所有的中国人，就连中国政府派来的外交官也遭侮辱被免职。

当时的中国，积贫积弱，中国人的声音丝毫没能阻止巴拿马政府的恶行。

就连巴拿马本国的报纸也看不下去了，他们愤愤评论道，这是一种违宪且极不公正而又残忍的做法。撤销中国领事状，也是令人极为遗憾的外交事件！

只是，这些评论并未起到阻止的作用。

推动这些种族歧视与排华措施，其幕后皆因巴拿马本国财团利益与华商利益产生矛盾。巴拿马的商人尤其眼红华人和犹太人的经商成就，故而联合政府对中国人和犹太人进行“一锅端”的打击。

据统计，当年居住在巴拿马城的华人有1353人，科隆420人，运河区内约250人，牛口省约199人。太平洋口岸206人，全境共有2478人。虽然人数并不算多，但全部都面临遭驱逐的巨大压力。

眼看1913年11月14日这一最后通牒的时限就要到来，被逼无奈的华人商会，联合全境华人作出决定，一致拒绝向巴拿马政府的违宪法案屈服。

华人们做出了有史以来最有力的反抗——大罢市！

与世界各国口岸有商贸往来的华商，紧急通知分布居住在纽约、芝加哥、波士顿、新奥尔良、旧金山、伦敦、曼彻斯特、巴黎、汉堡及神户等各国名港的进口代理商们，一旦巴拿马政府强制实施驱赶的恶法，巴拿马华商将立即取消业已订购的所有货品，并将关闭所有商号后离开巴拿马；并声明由此给各国商号带来的一切损失，均由巴拿马政府负责赔偿。

各国商埠的商号，都是巴拿马华商多年的合作伙伴。消息一来，各国商号顿时炸开了锅。人们齐声谴责巴拿马当局的短视。

美国和英国的政府贸易部门，与巴拿马华商在经济往来上关系密切，若华商集体被驱离，美英商界势必遭受连带损失。为了确保美英等国的商业利益，驻巴拿马美国领事Wicker赶紧出面，与巴拿马当局协商以缓解危机。

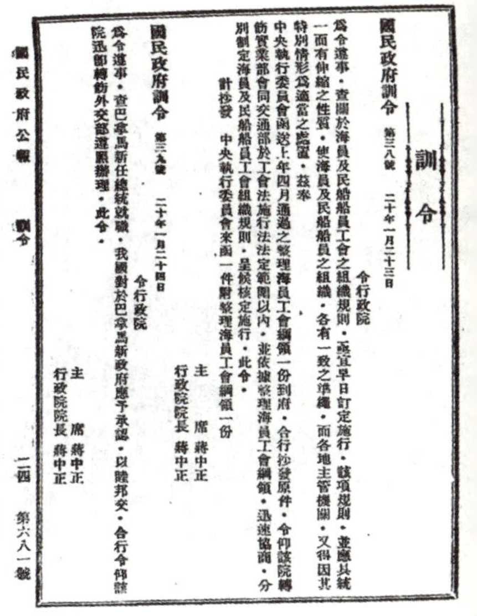
訓令

國民政府訓令　第三八號　二十年一月二十三日

令行政院

為令遵事・查關於海員及民船船員工會之組織規則・亟宜早日訂定施行・該項規則・並應具備一面有伸縮之性質・使海員及民船船員之組織・各有一致之準繩・而各地主管機關・又得因其特別情形為適當之處置・茲奉

中央執行委員會函送上年四月通過之整理海員工會綱領一份到府・合行抄發原件・令仰該院轉飭實業部會同交通部於工會法施行法法定範圍以內・並依據整理海員工會綱領・迅速協商・分別制定海員及民船船員工會組織規則・呈候核定施行・此令・

計抄發　中央執行委員會來函一件附整理海員工會綱領一份

主席　蔣中正

行政院院長　蔣中正

國民政府訓令　第三九號　二十年一月二十四日

令行政院

為令遵事・查巴拿馬新任總統就職・我國對於巴拿馬新政府應予承認・以睦邦交・合行令仰該院迅即轉飭外交部遵照辦理・此令・

主席　蔣中正

行政院院長　蔣中正

國民政府公報　訓令　一四　第六八一號

↑ 1931年1月24日，蒋介石发布《国民政府训令》，承认巴拿马新政府。（资料图片）

↑ 在巴拿马的埋葬中国广东新会移民遗骸的坟茔。（资料图片）

↑ 位于老唐人街的华人店铺。

1913年11月17日，是一个周一。为了给巴拿马政府施加更大压力，在巴拿马城和科隆两市经商的所有华商，决定连续罢市五日。

中国人的突然罢市，一下子严重打乱巴拿马人的生活秩序，令巴拿马中低收入市民叫苦不迭。这些市民平日多靠华人商店物美价廉的商品度日，交易的金额甚至小到如两分半的银钱，有困难者甚至可以通过赊债来购买日常生活用品。现在中国人罢市了，市民顿时无处购物，而其他商贩则利用此机囤积货品、哄抬物价，市场上的米、糖、炼乳等立刻断货。

↑ 华人正在端详“华人抵达巴拿马150周年纪念碑”碑座镌刻的捐赠善款的华人名单。

百姓们也不干了，纷纷上街游行，呼吁政府放华商一马，让老百姓的生活重上正轨。

11月22日，内忧外患的巴拿马政府，在四面楚歌之下终于低下了头。

政府自动对法案做出实体之修改，宣布华商将不会遭驱赶。

笔者分析，迫使巴拿马政府的排华压力降温的原因，还因时值第一次世界大战期间，中国正与其他同盟国对抗轴心国，从战略上考量，对华松动势在必行。

巴拿马华人有史以来第一次通过统一意志，联合对抗恶法，抵制排华凶浪，终于获得圆满成功。■

↑ 位于老唐人街口的华人超市"肖德庆公司"，该店成立于1940年，已有百年历史。墙上照片及左、右为老少三代店主。他们既是华人旅巴艰难历史的亲历者，更是代代相传的见证者。

十二、五华裔惨遭撕票，凶手逃脱终于落网

↑被残忍杀害的五名华裔青年。(资料图片)

这是一个炎热的上午。亮晃晃的太阳逼得人睁不开眼睛。几位侨领十分热情，开车把我从首都巴拿马城接到相毗邻的佐里拉市，那里有著名侨团赤溪同乡会。那天的整个印象，就是到处一片火辣辣的阳光。

然而，阳光下的一个阴冷故事，却令我毛骨悚然！

陪我去巴拿马花县（花都）同乡会的青年侨领江雄铜，是一位超帅的小伙儿。来自广东赤溪的他，中等个头，身材矫健，目光精炯，动作敏捷。最有趣的，是他还保持着中国国内小伙一样的审美习惯，用发胶将头发簇起并竖立在头顶，果然更显精神十足。

江雄铜一边开车，一边向我侃侃介绍着生活在巴拿马的赤溪移民们的生存环境。

突然，他的神情有些激愤起来——原来，他想起一件令侨界为之愤慨的凶杀事件。他大声地诉说着，我越听越感到震惊！没有想到，朗朗乾坤之下的巴拿马大地，居然会发生这等惨绝人寰的凶险事件。

这是一桩绑票撕票的凶案！

受害人为五名无辜的华人青年男女，他们被一个（或者数个）凶手绑架，在勒索到高额赎金后竟然全被撕票杀害。由于事件性质实在恶劣，全巴华侨愤起上街游行抗议，巴拿马副总统也参加游行。

江雄铜双眉紧锁，表情愤慨地说："凶手太恶劣、太惨无人道了！我们所有的华人都无比痛恨和愤怒！"

事件起始于2011年的9月。

这一天，居住在佐里拉市的19岁华人少女Yesenia Lou Kam突然蹊跷失踪。期间凶手给她的家长打电话索要赎

金，但家长没有支付。这位女孩从此信息杳无。直至后案告破才得知，她当时已被凶手绑架并被撕票。

又过不久，另一名华人青年不幸沦为了第二名牺牲者。这个小伙子从巴拿马城购物后在返家的途中，突遭一群歹徒拦截绑架。家人接到勒索电话后没有报警，而是按照绑匪要求支付了8.3万美元的赎金。令人痛心的是，这位华人青年依旧被残忍杀害。

↑巴拿马中国和平统一促进会会长麦杞佳（右一）等侨领，正在与巴拿马佐里拉市政府官员进行交涉，抗议杀害华人青年的罪行，要求巴拿马当局惩办凶手。（资料图片）

还是在9月，另外3名华人青年在驱车前往巴拿马大学时也半途失踪。绑匪随后给他们的家长打来电话，称三人均被绑架，索要赎金每人5万美元，共15万美元。心急如焚的家长们一心为了营救孩子，连忙筹集全款支付赎金，但三个青年人却再也没能回家。

这五名无辜的华人青年，分别为19岁的Yesenia Lou Kam、27岁的Young Wu Ken、19岁的Sammy Zenq Chen、19岁的Yoel Liu Wung和18岁的Georgina Lee Chen。他们如鲜花般绽放的青春年华，就这样断送在万恶的歹徒手上！

谁是绑匪？谁是这没有人性的冷血凶手？

一时间，整个巴拿马侨界陷入极大的恐慌之中。人人沉浸在惊惶与愤怒之中。

2011年9月15日的凌晨，警方终于宣布凶案告破。

原来，这名冷血凶手来自巴拿马东部邻国多米尼加，名为Gilberto Ventura Ceballos，40岁左右。

在频繁作案的那段时间，嫌犯居住在佐里拉市的El Campesino社区，正在为一户人家打工整修房屋。那段时

謀害 Chorrera 市五名華裔青年疑犯成功越獄

【據Crítica新聞媒體報導】本週三下午，La Joyita監獄透露，涉嫌謀害La Chorrera市五名華裔青年的罪犯Gilberto Ventura Ceballos成功越獄。

據初步調查結果顯示，Ventura Ceballos疑似從山路逃離，遠離監獄監控範圍，因此才能成功逃脫。

事後，警方在附近地帶發現一輛被遺棄的紅色Hyundai汽車，疑似是Ceballos用來逃亡的。

現今警方正在地毯式搜索Ceballos，望盡快將其逮捕。

Gilberto Ventura Ceballos與2011年發生的La Chorrera市五名華裔謀殺案有關，此人與其同黨將五名華裔青年綁架後，向其家人索要贖款，但收款後依然撕票（殺害），並將他們的屍體埋在自家的地板下，其冷血行動實在是令人髮指。

←巴拿马华文报纸报道凶手越狱新闻的版面。

间里，后来被害的一位华人青年，还曾与他一同工作过，只是他对身边这个凶残的魔鬼并无觉察。

连续作案期间，凶手Gilberto Ventura Ceballos还在佐里拉市的IDAAN公司门前开设着小商品移动摊点。9月15日凌晨，他向警察当局招供，自己先后谋杀了五名华人青年，并且将尸体分别掩埋在他租处的不同地方。

经过巴拿马警方数小时的挖掘，在位于凶手租住屋厕所与厨房地板的下方，掘出业已腐烂的尸体。其中两具遗体的头部留有弹孔；还有一名的双手被铐，是生生地被活埋而死。

旅巴华人甘丽铭女士来信，向我补充了一些细节。她说，第一起绑票案发生、孩子失踪后，家长立即报了警。当地警察局（DIJ）有意安排家属与嫌疑人电话接触交涉绑金时，被害人家属辨认出电话对面的声音与常来华商店铺购物的Gilberto Ventura Ceballos高度相似。但警察没能及时抓捕此人。于是出现了第二起凶案。

↓ 巴拿马华人侨领们，正在与巴拿马佐里拉市政府官员进行交涉，抗议杀害华人青年的罪行，要求巴拿马当局惩办凶手。（资料图片）

凶手Gilberto Ventura Ceballos发现警察没能破案，有恃无恐地继续作案。他电话欺骗华人青年Wu ken的家属：“Wu ken的朋友的车在附近商场坏了，Wu ken暂不回家了。”

Wu ken的家属顿觉有异，立即向警察局报案并提供线索，包括凶手的GPS卫星定位资料。遗憾的是，警方依然没有采取有效措施，错过了破案的黄金时间！

于是，第三起凶案接连产生：三位华裔大学生在去学校路上意外失踪。其中一位家属回忆起蛛丝马迹：凶手曾要求他在支付绑金时，应在野外以系在树上的红色塑料袋为线索、这些塑料袋经辨认均为凶手在附近一家华商店所买，该店铺迅速查看视频监控，方才发现此人竟然是前几位遇害者家属店里的常客、一名名叫Gilberto Ventura Ceballos的黑肤当地打工者！

得知凶嫌已被找到、凶案获得关键性证据之后，旅巴华人群情激奋。

2011年9月12日，由中华总会发起的、以旅巴拿马侨胞为主要参与者的群众性抗议示威大游行的队伍，从佐里拉市华人居住社区出发，在城市中心地段进行了声势浩大的游行示威。旅巴华人强烈抗议当局对治安的管理不力，强烈要求对凶手严惩不贷。

由于这一恶性事件关乎所有华侨华人的安危，因此影响面遍及巴拿马全境。参加游行的人数高达10万。因为巴拿马居民也与华人一样，希望当局能有效改善治安环境，给老百姓一个安全和谐的生存环境，游行队伍中近半数为非华人的巴拿马原住民。

10天后的2011年9月21日上午，佐里拉市再次爆发更大规模的示威游行活动。

为呼吁政府尽快侦破惨杀五名华人青年的凶案，许多在政府工作的巴拿马主流社会白领人士，连同佐里拉市的大量市民继续走上街头，与受害者家属一起高举横幅，呼喊口号，抗议巴拿马恶劣的社会治安状况，要求巴拿马政府承担应有的社会责任。多个华侨华人社团的代表，纷纷从全国各地赶到这座城市参加游行。华人和巴拿马人群情

↑↓ 为了抗议杀害华人青年罪行，2011年9月21日，中华总会全体理监事和巴拿马中国和平统一促进会等侨领，率领旅巴侨胞在佐里拉市中心举行“反暴力、要和平”大游行，要求巴拿马当局惩办凶手。（资料图片）

↑ 为了抗议杀害华人青年罪行，2011年9月21日，中华总会全体理监事和巴拿马中国和平统一促进会等侨领，率领旅巴侨胞在佐里拉市中心举行“反暴力、要和平”大游行，要求巴拿马当局惩办凶手。（资料图片）

激昂地提出他们的诉求，包括强烈要求政府为市民提供最起码的安全保障，并要求严惩罪犯，遏制泛滥的凶案。

时任巴拿马共和国副总统兼外长、现任巴拿马总统的巴雷拉（Juan Carlos Varela）、佐里拉市长莱斯埃雷拉（Temistocles Herrera）也走上街头，与示威队伍一同参与游行。

当天上午9时，在圣·弗朗西斯科教堂举行隆重弥撒，向五名被害华人青年致以深切哀悼。

我在巴拿马期间听到此案，心中悲凉不已，如鲠在喉。回国后，我在撰写这本书时，心里更是一直牵挂此案进展。为了更加详尽准确地弄清事情原委，我于2017年年初至本书付梓之际，一直向华侨江雄铜、曾广天先生和甘丽铭女士等华人函询。几人分别多次回信告知情况。

但是，甘丽铭告知了令人更加气愤的结果——

就在2016年年底，被关押的凶手Gilberto Ventura Ceballos，居然“成功脱逃”了！而且至今没有抓到！

五名风华正茂的华裔青少年，难道就这样白白地送命了吗？一桩如此血腥的惨案，竟然会这般地不了了之？

可是，在一个无邦交的国度，来自中国大陆的侨胞有冤无处申诉。每个华人的心头都在泣血！

终于，侨胞们等到了2017年6月13日。

就在这一天，中巴两国正式建交了。

很快，在两国建交后的第13天，被搁置达五年之久的佐里拉市五位华裔青少年被撕票血案，于2017年6月26至29日，巴拿马城法院举行了为期四天的审判听证会。

人们都知道，正是来自邦交国——中华人民共和国的要求，使得巴拿马法庭赶紧捡拾起这桩陈年旧案，重新开庭审理。

此事对于旅巴华人而言，可谓两国建交后为华人办的第一件能够看得见摸得着的事。

得知重新开庭的消息，令早已急不可耐的华人奔走相告：

天苍苍，野茫茫，骨肉分离痛断肠！

2017年6月26至29日，巴拿马城2号法庭举行“佐里拉市五华裔青年撕票凶杀案”法庭审判听证会。旅巴侨胞到场静默以示支持！

……

连续四天，在这个因脱逃而犯罪嫌疑人无法到场的庭审现场，旅巴华人黑压压地聚集一片。

大家神情凝重，每个人都双目炯炯地注视着端坐于法庭上的法官。

公正的结局终于到来。据巴拿马中讯网2017年9月22日报道，Gilberto Ventura Ceballos近日在哥斯达黎加境内被逮捕。2017年5月12日，巴拿马一名法官下令对一名国家警方人员实施临时逮捕，早前对另三人以隐瞒、危害集体安全罪进行逮捕。■

↓ 越狱后逃往邻国的凶手终被抓获。

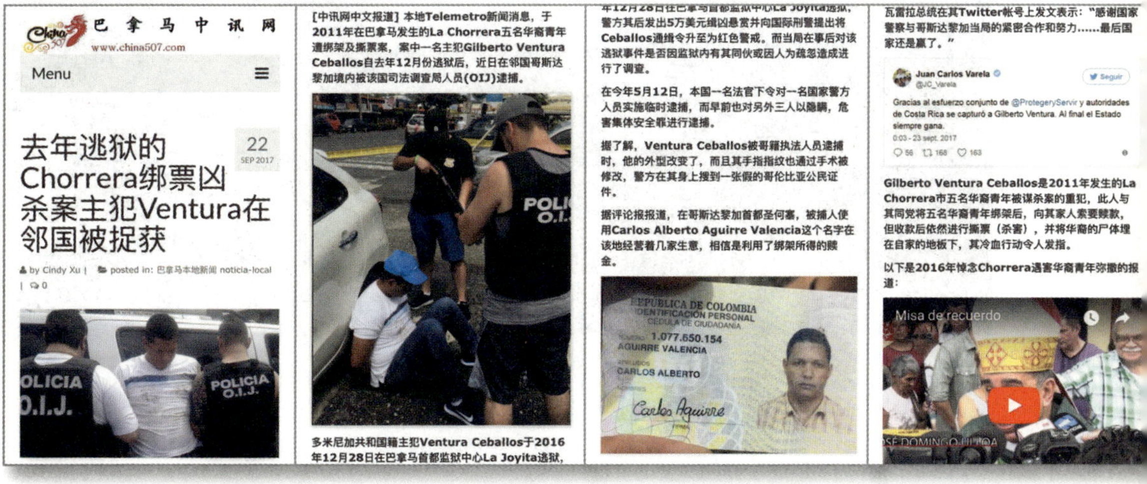
巴 拿 马 中 讯 网
www.china507.com
Menu

去年逃狱的Chorrera绑票凶杀案主犯Ventura在邻国被捉获

22 SEP 2017

by Cindy Xu | posted in: 巴拿马本地新闻 noticia-local | 0

[中讯网中文报道] 本地Telemetro新闻消息，于2011年在巴拿马发生的La Chorrera五名华裔青年遭绑架及撕票案，案中一名主犯Gilberto Ventura Ceballos自去年12月份逃狱后，近日在邻国哥斯达黎加境内被该国司法调查局人员(OIJ)逮捕。

多米尼加共和国籍主犯Ventura Ceballos于2016年12月28日在巴拿马首都监狱中心La Joyita逃狱，警方其后发出5万美元缉凶悬赏并向国际刑警提出将Ceballos通缉令升至为红色警戒。而当局在事后对该逃狱事件是否因监狱内有其同伙或因人为疏忽造成进行了调查。

在今年5月12日，本国一名法官下令对一名国家警方人员实施临时逮捕，而早前也对另外三人以隐瞒，危害集体安全罪进行逮捕。

据了解，Ventura Ceballos被哥籍执法人员逮捕时，他的外型改变了，而且其手指指纹也通过手术被修改，警方在其身上搜到一张假的哥伦比亚公民证件。

据评论报报道，在哥斯达黎加首都圣何塞，被捕人使用Carlos Alberto Aguirre Valencia这个名字在该地经营着几家生意，相信是利用了绑架所得的赎金。

瓦雷拉总统在其Twitter帐号上发文表示：“感谢国家警察与哥斯达黎加当局的紧密合作和努力……最后国家还是赢了。”

Juan Carlos Varela
@JC_Varela
Seguir
Gracias al esfuerzo conjunto de @ProtegeryServir y autoridades de Costa Rica se capturó a Gilberto Ventura. Al final el Estado siempre gana.
0:03 - 23 sept. 2017
56 168 163

Gilberto Ventura Ceballos是2011年发生的La Chorrera市五名华裔青年被谋杀案的重犯，此人与其同党将五名华裔青年绑架后，向其家人索要赎款，但收款后依然进行撕票（杀害），并将华裔的尸体埋在自家的地板下，其冷血行动令人发指。

以下是2016年悼念Chorrera遇害华裔青年弥撒的报道：

↑ 位于老唐人街的关公庙，是旅巴华人常年前往的谒拜之地，也是中华文明的传承地之一。

↑ 巴拿马中华总会常务副会长何文生（左）、巴拿马中国和平统一促进会会长麦杞佳（右）与作者在巴拿马城“中巴公园”牌坊前留影。（曾广天摄）

十三、华人也要发声！日渐成长的华社媒体

EL EXPRESO 拉美快報

一九九二年七月一日創刊

Diario Chino Latinoamericano Fundado en 1992

巴拿馬駐中國首席外交代表林錦珍接受中國國際電視臺獨家專訪

巴拿馬會帶給中國人意想不到的驚喜

↑ 2017年7月19日巴拿马《拉美快报》版面。

在巴拿马，我访问过两家中文报社。他们是《拉美快报》和《拉美侨声》。

在巴拿马城逗留后期，我住在新唐人街附近。那里布满中等楼宇，但大多显得陈旧。步出酒店大门不远处，正巧坐落着这两家华人报社，它们都有标牌，但如不留心细看，便难以发现。

带我去报社的是侨领林华康先生。由于临时起意造访，未能预约，委实有点唐突。好在林先生与两家都熟识，一通电话后对方同意接待我们。

去的第一家是《拉美快报》。我首先查阅了这份报纸当天，即2016年5月4日的版面。它在报眼处自我介绍：

> 《拉美快报》是巴拿马乃至中美洲地区发行量最大的中文报纸，每天十六版，丰富多彩，新闻可观真实，广告效益宏大……

这天的《拉美快报》头版头条，通栏标题为《人民日报新知新觉：提高我国高等教育制度性话题》；下分列两条新闻《巴拿马人类发展指数在拉美脱颖而出》《瓦雷拉总统赴美出席年度美洲大会》。然后下半个版为商业广告。

我揿响紧邻“中巴文化中心”11楼的门铃。《拉美快报》编辑部的门扉，被办公室主任李永祥先生打开：“总编辑外出未归，我是他弟弟，由我介绍情况。”

“《拉美快报》创立于1992年，是巴拿马的第一份中文日报，在巴拿马全境华文读者群中发行，同时发行到西部邻国哥斯达黎加；每天同时向两国送报。”

Diario Chino 拉美僑聲 LATINOAMERICANO
不滿自家領導無能　川普轟中強暴美國
農業發展部長表示國內食物價格售價過高
政府被指責無能　造成15萬人失業
Juan Diaz 河床進行河道疏通預防洪水氾濫
EL EXPRESO 拉美快報
Diario Chino Latinoamericano Fundado en 1992
人民日報新知新覺：提高我國高等教育制度性話語權
瓦雷拉總統赴美出席年度美洲大會
ASIA WOK 亞洲酒家
環境優雅，中餐豐富美食，正宗日本大廚為您製造驚喜口味，特色清涼飲品，服務一流。
免費停車場

↑中文报纸《拉美侨声》(左)、《拉美快报》，在旅居巴拿马三十多万华人中拥有巨大读者市场和重要影响力。

李永祥，一位四十多岁的男子，衣着朴素，表情平实，用中等语速向我介绍自己的报纸：

"在互联网的冲击下，全球纸质媒体都不太景气，我们也不例外。《拉美快报》最高的发行量曾经达到过3000份，但现在下降到1600份左右。主要读者群为老客户中不太玩手机的中老年读者。由于发行量下滑，商业广告减少了许多，我们报社的经济效益也受到影响。"

我问道："你们报纸新闻的来源是？"

"一是采用网络新闻，关注点多为国际、中国和广东省的新闻；二是关注巴拿马本国的新闻，包括社会新闻与财经新闻。作为中文报纸，我们主要面向侨界，因此会更多地关注侨界新闻与动态。"

↑《拉美侨声》编辑部门口的报社社标。

“编辑部有多少人呢？”

“编辑部共由6人组成。编辑1人、秘书1人，排版员4人。报纸为一周六刊，即一周六天出报。”

我又细加了解，得知报社还聘请了一名巴拿马媒体的记者兼任本报记者，他发回西班牙语新闻后，会有一位中国人翻译成中文。这位翻译属兼职，月薪为600美元。

我们的话题转到在巴拿马的30万华人生存状况上。李永祥主任说：

“在巴拿马的中国侨胞性格比较封闭，习惯于自我抱团，不太愿主动参加巴拿马主流社会的活动，连多国侨民都踊跃参加的社会慈善活动中也很少见到中国侨民的影子。这些状况，不利于在巴拿马主流社会塑造中国人的良好形象，中国侨民也不容易赢得巴拿马人的尊重。”

↑《拉美侨声》编辑部的编辑正热情向来客问候。

报人李永祥坦诚分析概括了旅巴侨民在巴拿马人心目中的地位。他的评价代表着在巴中国媒体人的基本看法，言语中肯且有见地。我特以楷体标示：

不瞒你说，巴拿马社会对中国侨民的整体评价偏低，中国人的形象确实有待提升。

一是有些侨民文化素质偏低，平时也不注重个人仪表，穿条短裤，趿双拖鞋就上街了。

二是中国人的行业大多是经商，在与本地市民做生意时，常会因些许小利而产生摩擦。巴拿马主流报纸为此时而发出批评之声，不敬地将中国人贬称为“Chino（中国佬）”。

三是在巴拿马社会的小商品零售业中，约90%的小店铺为中国人所开办，因为中国零售商品拥有当地人无法企及的价格优势；但华人店主不太遵循巴拿马通行的规矩，小店从来不休息，一年365天都不关门，这使得巴拿马同业很恼火。

四是经营小商品的第一代中国人，非常能够吃苦耐劳，但他们的第二和第三代已经逐渐接受巴拿马本国文化的影响，不再愿意像父辈那样，日复一日地每天在小店里耗上十多个小时。新一代华侨正在发生变化。

我随后来到《拉美侨声》编辑部，遗憾的是总编辑外出未遇。但报社几位工作人员态度友善，欢迎并配合我为他们拍摄照片。

我阅读了当天，即2016年5月4日的《拉美侨声》版面。头版通栏头条标题为《不满自家领导无能 川普轰中强暴美国》。下面是两条舆论监督新闻《农业部长表示国内食品价格售价过高》《政府被指责无能　造成15万人失业》。

这两份中文报纸，都在报名下标明价格：每月定价15美元，零售75美分。两报均采用中文繁体字出刊。只是不知道从中国大陆来的中青年移民读者，读起这繁体字来，是否会感到有些吃力？

听说巴拿马还有一家中文报纸《新报》，也比较有影响，可惜未能亲睹。

华人来到巴拿马以后，一直比较重视资讯传播，先后数度发行过华文印刷品，包括单页的通信、月报、周报和日报等。

↑《拉美侨声》发行部一瞥。

↓ 作者在《拉美快报》编辑部访问办公室主任李永祥（右）。（林华康摄）

→左起：巴拿马23电视台和巴拿马中讯网记者、余熙、巴拿马中讯网记者徐凤燕。（曾广天摄）

1924年，巴拿马的华人公开创刊了第一份报纸《共和报》，但它仅两年就休刊了。1930年《共和报》再度复刊，并成为中国国民党在巴拿马的机关报。它既报道侨界消息，也报道国内外新闻。20世纪30至40年代，在巴拿马的致公党和洪门民治党，先后创办了《爱国报》《工商报》《侨报》《独立报》和《严报》。1946年，侨领苏海山创立了《瀛寰报》。

到了20世纪五十年代，报业衰落，巴拿马侨界仅剩有《共和报》及《独立报》仍在发行。而亲中国大陆的《大公报》，虽能比较客观地反映普通老百姓的疾苦，但它因政治立场而受到当局的打压直至封杀。

直至1990年8月，新一代的中文报纸《海外时报》在巴拿马问世。它的中文版以周刊的形式夹在西文报纸内派发，从1992年5月4日开始，中文版独立发行，一直维持到1998年12月。

1992年7月1日，《拉美快报》应运而生。首位社长为郭笃为先生。

与此同时，侨界通过广播电视台播放中文新闻，使华侨获得的信息更为丰富。

1989年至1990年，巴拿马侨界成立了第一家中文音乐广播电台“亚洲之声”，这是巴拿马侨界第一座广播电台。它的播音时间从最初的半小时延长到后来的2个小时。

“华人在巴拿马”是华人第一次通过巴拿马宗教电视台的五号频道播映的一档华文节目，每天播映信号一个小时，用中文发音配以西班牙文字幕。该节目从1997年7月开播以来，连续播出时间达六个月。之后，节目改为西班牙语发音播出，连续三月共播出十四集。巴拿马中华妇女企管协会的创会主席刘玉珍女士推动这个电视台的播映。

斗转星移。现在，旅巴侨民更热衷于浏览新闻网站。

创建较早的“巴华网”，由居住在科隆市的巴拿马侨领冯培坚首创，并由科隆中华公所和科隆四邑同乡会主办，旨在为华人提供最新新闻信息。

“巴拿马中讯网”（China507.com）有很多读者，而且越来越受到中青年华人的认同与欢迎。它分有“新闻分类”“侨社新闻”“中国之窗”“认识巴拿马”“中讯网资讯”“西语频道”等栏目。

“巴拿马中文网”有巴拿马论坛、巴拿马华人群组、人在巴拿马、巴拿马华人在线等栏目。■

↓巴拿马中讯网的网页。

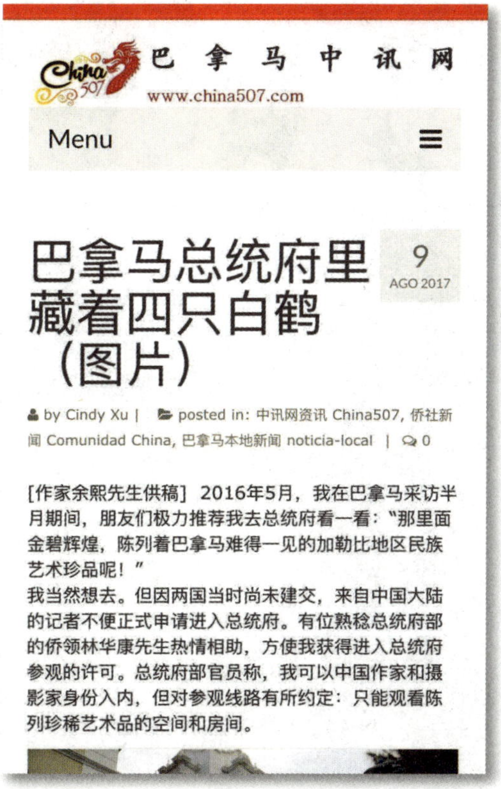

巴拿马奇里基省一家乡村酒店的内院，花团锦簇，芬芳馥郁。

十四、万国博览会上，茅台酒“一摔成名”？

1. 他将酒罐高举过头，拼命朝地面一砸

↑ 1915年，美国政府在美国旧金山举办了首届巴拿马世博会。图为为此届世博会修造的纪念性园林建筑。

↑ 巴拿马万国博览会金奖奖牌。

有一个传说，至今广为流行——

早在一百多年前1915年，中国的北洋政府曾经应邀组团参与在遥远的北美洲旧金山举办的“巴拿马太平洋万国博览会”。

其中来自中国贵州的茅台酒公司带去当时已在中国享有盛名、现以中国乡土气息浓郁的农家土陶罐盛装的酱香型茅台酒参展。

场馆内，各国宾客鱼儿般地游弋在各个国家的展位前，来自世界各地产区的、被包装得花花绿绿的烈性白酒展位前，挤满各国的酒商。但是，中国茅台美酒的展位前却冷冷清清，几乎所有过往者对中国酒都显得不屑一顾。

中国官员和茅台酒厂老板的心里那个急啊！他们瞅着空档拽住一位观众发问：“你们为何连看都不愿看看我们中国的酒？”

这位蓄着两撇八字胡的老头儿随手取下巴拿马草帽，冷冷地丢下一句话：“陶罐的包装太土气啦！”

闻听此语，众人的眼光不约而同投射于展台——这茅台酒的包装委实土头土脑！深褐色的陶罐，圆圆鼓鼓的肚子，呆头呆脑地戳在台上，乍一看简直像个煲汤罐儿。

中国参展商抓耳挠腮，愁眉不展，一时间不知如何是好。

这时，只见担任赴赛筹备局长兼监事陈琪穿出人群，大步走向展台，他伸出手一把将酒罐高举过头，然后突然

地拼命朝地面一砸！

“哗啦”一声脆响，瓶裂酒溅。

一时间，众人皆惊，大厅寂静无声。

与此同时，一股浓郁芳芳的酒香，汩汩溢出并四下飘散。

那香气越闻越醉心，越闻越畅意，那是来自大洋彼岸中国特有的“东方之香”啊。

各国展商从四面八方蜂拥而来。人们都情不自禁地微眯双眼，用鼻腔用力吸，相互奇怪地发问：这是什么酒？怎么这么香？

陈琪监事立即令中方参展商将展台上的几瓶茅台酒的酒封开启，同时急忙从邻台借来小酒杯，将盛有茅台酒的小杯，热情递给围上来的人们……

后面的故事，不说您也知道了。

刚才还是门庭冷落的中国茅台酒展位，瞬间成了众人瞩目的“香饽饽”。

继而，中国茅台酒一举获得这届万国博览会酒类的大奖。

多年来，中国人热衷相传的说法是，茅台酒借此一摔，荣获了“万国博览会金奖”。

↑根据传说，1915年巴拿马万国博览会上，一坛茅台酒摔碎后香气四溢，引来众多参观者的追捧而绘制的画。（资料图片）

↑1913年，筹备巴拿马赛会（现通称为巴拿马太平洋万国博览会）事务局在北京西长安街旧翰林院成立，陈琪出任赛会监督兼巴拿马赛会事务局局长。（资料图片）

2. 故事的真实性饱受质疑

不过，这一故事的真实性，近年来一直不断受到质疑。

有人引述《巴拿马太平洋万国博览会实况重述》指出，1915年茅台实际获得的奖章为四等奖（戊奖），换算则相当为“银牌奖章”。

这部书由时任中国参会筹备局的局长兼监事陈琪主编，封面为郑孝胥丙辰冬日，即1916年所题写。

尽管茅台酒在20世纪80年代就曾有获“巴拿马金奖”的宣传口径，但其在产品包装上出现这种说法的时间却比较晚，且前期产品包装的说法与“金奖”之说有明显差异。

1954年，茅台酒瓶背标上的广告语，写的是新中国成立前曾在巴拿马赛会评为世界名酒第二位，这显然不是“金奖”。

1982年，茅台酒背标文字继续写成“贵州茅台酒为中国八大名酒之一，早已享誉国际，曾于公元1915年在巴拿马赛会评为世界名酒第二位”。

因此，茅台酒在巴拿马万国博览会“荣获金奖”之说，似乎已被搞得莫衷一是。

至于由陈琪“一怒摔罐”的情节，说法也多有出入。

一说是，早于1915年巴拿马博览会之前的1912年，博览会上的中国馆正式开幕。以农业产品为主打展品的中国展位，参观者一直就稀稀拉拉，没有多少特别吸引力。而其中的茅台酒由于被盛装在深褐色鼓肚陶罐中，不仅包装简陋土气，更被混杂于棉、麻、大豆、食油等产品中，因而尤其不起眼。

1915年那次博览会上，茅台酒因为此前已经拥有在南洋劝业会上获奖的荣誉，此次便备受中国代表团推崇。人们怕这一富于竞争力的展品再度被埋没于农业馆，便决定将茅台酒从食品加工馆移出，以方便突出其位置。

但是，就在搬动时，一位代表不慎失手，将一瓶茅台酒从展架上掉下来摔碎了（此即后来传为佳话的《怒掷酒瓶》故事来源）。

陶罐一破，茅台酒酒香四溢。中国赴赛监督陈琪等人在南洋劝业会评奖时就品尝过茅台酒，在旧金山中华会馆的宴请中，喝的也是茅台酒，知道茅台酒酱香馥郁，且有挂杯留香的特点。见此不免灵机一动，于是建议不必换馆陈列，只需取一瓶茅台酒，分置于数个空酒瓶中，并去掉盖子，敞开酒瓶口，旁边再放上几只酒杯。正好利用农展馆展品气味不浓，闲人不多的特点，任茅台酒挥洒香气，随专业人士品尝。

敞开的茅台酒在酒及其香被充分暴露后，将更为浓郁。此举果然奏效异常，博览会会场里的参观者们纷纷寻香而来。更有好奇者顺手拿起酒杯，争相倒酒品尝，一致“咂”“咂”交口叫绝。博览会展馆一时人头攒动，热闹非凡，很快产生了轰动效应。

3. 中国百年前就是“夺冠之王”

↑1915年，美国旧金山的巴拿马太平洋万国博览会，正在举办招待中国代表团的宴会。（资料图片）

有趣的是，中国不仅今天在奥运会上声名显赫，就在近百年前的1921年，竟然也是巴拿马万国博览会的“夺冠之王”。

中国现存准确回顾1921年巴拿马万国博览会的史料尚显匮缺。如果能够采信我找到的另一种说法，那么情况或许如下——

就在那届万国博览会上，其展品的高级评审委员会，皆须经由美国这位东道主委派专人出任会长和副会长。秘书长则分别由美国、澳大利亚、阿根廷、荷兰、日本、古巴、乌拉圭和中国的代表兼任。

那届博览会上，共评出25527个获奖产品，实发奖章20344块，奖状25527张。而中国一家的展品就囊括了奖章1218枚，其中大奖章62枚，荣誉勋章54枚，金质奖章250枚，一举列为各国获奖之冠。

在博览会所设的6个奖项4个等级中，酒类金奖仅为5项。由于茅台酒在农业馆展出的过程中，已经通过“酒香为媒”的轰动效应，一跃而为博览会上的“当红小生”，

↓1915年，在美国旧金山举办的巴拿马万国博览会开幕式上，人头攒动，万众云集。（资料图片）

故不必再由评审团进行评比，而直接由高级评审委员会授予“荣誉勋章金奖”，从而享有“世界名酒”（World Famous Liquor）的美誉，成为中华民族工商业率先走向世界的标杆。

资料还显示，1916年，同样是为了庆祝巴拿马运河通航，美国南加州又在风景如画的海滨城市圣迭戈召开了一次“巴拿马加州万国博览会”。由于“中国名酒风味独特，又以冰晶而显其长，受到西方各界人士的青睐”，茅台酒再次荣获“金奖”，并与法国科涅克白兰地、英国苏格兰威士忌被公认为世界三大（蒸馏）名酒。

资料指出，除茅台酒之外，贵州在那次巴拿马博览会上还有一样产品荣获金奖，那就是在文艺馆展出的科技教学仪器乘方积木。

尽管这件乘方积木展品是真正经过专家认真地筛选，优胜劣汰，严格把关，通过几轮评审，最后才一举夺魁的，但由于它不具茅台酒那种轰动效应，贵州又属中国最偏远的地区之一，因而并未受到重视。

（另外，在教育馆展出的贵州小学教育，也荣获四等奖次的嘉奖。至于获奖的是不是黔北沙滩的耕读书院，倒还有待考证。）

这似乎也印证了，地处偏远的贵州，其实很早就已经走出了国门，只是后劲不足，导致前人成就反被历史云烟所淹没。

4. 黄鹤楼酒曾获“巴拿马赛会奖”

蝉联“中国名酒”的武汉“特制黄鹤楼酒”，早在百年前的1915年，就以“汉产汾酒”身份参赛旧金山的“巴拿马太平洋万国博览会”并获奖。

据专家对百年前的一份酒标考证得知，今天“黄鹤楼酒”的前身，是当年最大酒坊“老天成”所酿的“汉产汾酒”。在用红色楷体标有“老天成”酒坊字样的泛黄酒标上，清晰记载着湖北这所酿酒厂酿造的汉汾酒，在汉口地区的老关庙、天宝巷正街、日租界平和街和鲍家巷河街；

武昌地区的中新河后街、司门口正街、汉阳门内正街和中正路等繁华地段，曾是何等热销。

黄鹤楼酒今天的生产厂家、武汉天龙黄鹤楼酒业有限公司对这段酒史倍感自豪：1898年，湖广总督张之洞奉旨进京前，曾在汉口七大酒坊订购汉汾酒以朝贡。光绪帝饮后大加赞赏，遂旨令张之洞将七大酒坊收归为皇室御用酒坊，并御赐坊名“天成坊”。1952年，“老天成”酒坊被合并为国营武汉酒厂，但传统的汉汾酒生产工艺一直未变。1984年，汉汾酒易名为如今的“黄鹤楼酒”。2016年，黄鹤楼酒与古井贡酒开启战略合作，创立了“中国双名酒”新格局。■

↑1915年3月，首届巴拿马太平洋万国博览会在美国旧金山开幕。图为中国政府馆的建筑群。（资料图片）

←记载汉汾酒（现名黄鹤楼酒）获巴拿马赛会奖的百年前酒标。

←↑ 巴拿马的自然风光。

十五、"鸡司令"和他的"32万兵"

↑ 来自中国广东花县（花都）的"70后鸡司令"钟其辉，正在巡视他的32万鸡兵。

老远，就见黄绿色的草坡上，有几幢大而长的屋舍，颜色灰黑灰黑的，不高，很像厂房。一柱高高的金属大罐，连接着长长的管状物，直插屋舍。

我忽地觉得这景象怎么那么熟悉？它多像美国水彩画家安德鲁·怀斯的某幅作品！在怀斯笔下，美国西部那广袤的原野上，偶尔凸显一二屋舍，然后全是黄绿色的大地，荒凉感笼罩着四野……

我们此行，是去参观华裔农民开办的养鸡场。

侨领罗银洲先生告诉我，养鸡场的主人名为钟其辉，是旅巴华人中较早拥有自己产业的农民企业家。看看他的创业，有助于我和我的读者更多地了解巴拿马华人的生存状态。

我们的车很快驶近"厂房"之前。一位四十来岁的华人男子，早已伫候路侧。

"我是钟其辉，"男子笑容可掬地迎上前来，用力地握了握我的手，"欢迎参观我的养鸡场！"

钟其辉边说边带领我们走到刚才看很像厂房的屋舍前："这是我的养鸡棚，共有4座，每个棚内饲养着4万只鸡。全部鸡场饲养了16万只鸡。"

呵，够多的！

我打量这四幢建筑，发现每座鸡棚均长约200米。除了两个小门外，竟然没有发现有一扇窗子。它的门用金属制成，一把大钢锁稳稳当当地悬在上面。

钟其辉叫来一名工人："把这扇门打开。"

工人掏出钥匙，"哗啦哗啦"地开启铁门。

钟其辉又对我说："为了严格预防和控制任何病毒和细

菌感染的可能性，平时我们不允许外人入内。但您是难得一来的贵宾，应该请您看看！”

“轰”的一声，门被打开。

我走向门前，猛地感到一股湿热的气浪“呼”地扑面而来。

我走进室内，里面先觉得黑洞洞的，待双脚踏进两步终于看清，室内原有微弱的电灯光亮。屋舍两端有两个圆孔，两只排风机正呼呼地交流着空气。

这家养鸡场的工艺流程十分现代和先进。饲养的全过程全部实行自动化。

在鸡舍室外，高高耸立着巨大的不锈钢塔状饲料罐。饲料运来后，直接从汽车通过传送带输入罐内储存。

不锈钢罐的下部，斜通着一根粗粗的管道。罐内的饲料由此管道输到棚内，再经自动分装规范处理，分装的饲料又通过自动传送带，输至遍布棚内所有部位的长管，最终定时定量地进入终端饲养盒内。

我细致打量着饲养盒，发现它既能自动输出饲料，又能自动输出饮水。鸡们若饿了，随时可以吃食；饮水时只需用喙碰一下水嘴，饮水便自动溢出。

这种先进的自动化饲养技术，显然有效解放了生产力。尽管这里日饲养16万只鸡，但仅需2名工人。而他们的工作也比较轻松，只需每隔两天入内打扫一次鸡粪；每天检查次自动饲养台有无故障即可。

我发现，棚内密密麻麻的鸡们似乎不大叫唤。刚才稍稍躲避我一阵子的鸡们，见我没有继续入内，也全都松弛了下来，继续地该吃吃该喝喝。

我问钟其辉：“鸡的成长时间多长？”

“母鸡从幼仔到成鸡需30天，公鸡则需40天。”

“这些鸡肉的去向？”

“遍布巴拿马全国的所有炸鸡店，包括连锁的汉堡王、麦当劳和肯德基店等，都是我们的客户。现在，我这里的鸡肉产量供不应求。因此我正在扩建4座新的大棚，准备2017年让产量再翻一番！那时候，我的鸡场就可以一次养到32万只鸡了！”

↑ 肉鸡正在自动出水器前饮水。

↑ 养鸡场内。

钟其辉脸上洋溢着兴奋的神色。他的眼瞳星光闪烁，显然正在憧憬自己来年的成就——他这位堂堂“鸡司令”，届时麾下将统领浩浩荡荡的“32万兵”！

从钟其辉的经历看，他确是一位勤劳刻苦且小有成就的中青年华人。

他对我说：“我1975年出生于中国省广东的花县，现在那里是广州市的花都区。8岁那年，我随父母来到巴拿马。在这里初中毕业后，我没能继续学业，而是帮助家庭打工谋生。我先后在华人小型超市、洗衣店、砖厂打过工，后来又在家族的水果种植园种植火龙果、菠萝和石榴。近年开始，我投身于养鸡业，发现鸡肉生产在巴拿马有极大的前景。我家销售的鸡肉、特别是肥肥的鸡腿，很受巴拿马市场的青睐。养鸡这么赚钱，我当然要继续大干一场啦。”

“那么你家的水果种植园还在经营吗？”我问。

“当然在经营！”他回答：“我的养鸡场能产出大量丰富的鸡粪，这是极好的有机肥料，能够帮助我家种植园提升水果产量。

“我家还从中国台湾引进了鲫鱼。渔业也是我家一项重要的产业，而且鸡粪还能用于养鱼呢。”

“你们这叫作循环经济，经营得很成功啊！”

“循环经济？”

钟其辉显然从未听过这个词儿。

毕竟这位中年男子8岁就离开了祖国，中文已经不那么熟练了。但是，他的西班牙语非常流利。听他与工人对话，那西班牙语腔调与当地人完全无异。■

烈日下，钟其辉新建的养鸡棚正拔地而起。

↑巴拿马城的海湾滩涂上，船工正在打造一艘渔船。

巴拿马濒临的加勒比海面，游弋着众多蝠鲼，俗称“魔鬼鱼”。

十六、华人中流传的几个小故事

1. 五星红旗在建交前经历过两个“第一次”

建交后的巴拿马，特别是在唐人街，随处可见高高飘扬的五星红旗。

但是，建交前这里并不能随意升中国的国旗。

我一到巴拿马城，就从华人那里听到关于“五星红旗”的故事——在建交前的巴拿马，中国的五星红旗经历过两个“第一次”。今天，当我们看到中国国旗四处飘扬时，更应缅怀早年的两次国旗故事。

1972年，托里霍斯执政时期的巴拿马政府，曾邀请中国驻联合国大使黄华先生及夫人访问巴拿马——这可是对中华人民共和国政府官员的首次正式邀请啊！消息震动巴拿马侨社。张新曲、古华康、郑治国、蔡斯达、劳汝耀等数十名侨胞立即组织起来缝制了一面鲜艳的五星红旗。来到机场后，华人们高举这面五星红旗，热烈欢迎黄华大使等祖国亲人。

第一次，在巴拿马土地上飘扬着中国的五星红旗。

五年后的1997年，黎焕欣、郑仪、周健、冯振康、殷玉富、方惠钿等侨胞成立了四邑华侨联谊会。他们这次特别地在会馆庄严悬挂起了五星红旗。

又是个第一次，巴拿马侨团正式悬挂了五星红旗。

2. 二十多年前，这里发行过华人主题邮票

旅巴华人对来自巴拿马主流社会的评价非常敏感，十分关注巴拿马有关华人的任何风吹草动。

我在巴拿马期间，就几次听人说起，这个国家曾经发行过华人邮票的故事。遗憾的是，我未能收藏到这张邮票。

华人何文生兴奋地告诉我，随着中国国际地位的不断提升，巴拿马华人的社会

地位也有着明显提高。早在1993年10月9日，巴拿马国家邮政总局就正式发行过以巴拿马华人为主题的纪念邮票。它的画面为四季盛开的鲜花，并有中英文书写的美好祝福。

1996年6月10日，巴拿马邮政总局又发行了巴拿马华人主题的纪念首日封。首日封的图案以华人家庭和华人社会为主题，凸显了华人移民巴国历经岁月的历史，再现巴拿马华人社会的发展历程。在巴拿马中华妇女企管协会成立之日，巴拿马共和国第一夫人巴雅达雷斯女士亲自将其颁赠给了大会。

旅巴华人认为，此举象征着巴拿马这个曾经出现过严重排华风潮的国家，对华人社会的评价有着非常积极的改变，对华人社会越来越尊重了。

“这非常重要。对全体华人是很大的鼓舞。”华人朋友何文生说，“它的政治意义远远超出邮票本身的价值！”

3. 巴拿马女诗人，热情吟赞华人服饰

“一战”期间，巴拿马诗人、著名民俗教育家德扎特（Dora P. de Zarate）女士，在巴拿马的报纸上发表诗作。她以中国妇女的宽口裤子为意象并融入自己的诗作。

她是这样形容并赞美中国移民的：

我是巴拿马人

我穿着一条中国裤子
配着一件庄稼衫
一顶草帽
还有一双草凉鞋
乡亲们看啊！
我多么喜欢这身乡下装扮哪！
穿着这身打扮来跳Cumbia舞
咦！怎不跳一段咱老家的Tamborito舞呢？
喂！老乡啊！
咱还有Puntos舞和Mejorana舞呢？
这可都是咱的家乡舞啊，
我可是打那儿生长的啊！
何其幸，
让我生为巴拿马人！

↑巴拿马城警局派出警员护卫作者（中）在老唐人街采访。警员告别前提出与作者合影，并按照巴拿马习俗将手置于胸前以示友好。（林华康摄）

↑老唐人街狭窄街巷内的中国元素。

4.“阿雷曼大汤”为何红遍巴拿马

巴拿马流行一道颇受欢迎的汤肴，俗称“阿雷曼大汤”。它的诞生，与巴拿马议员帮助旅巴华人有关。

曾任巴拿马啤酒厂总经理的阿雷曼（Alfredo Aleman）少校，曾任巴拿马国会议员，他最反对时任总统的排外法案，在感情上同情旅巴华人。

这天深夜，他与十余位议会同僚一同外出消夜，来到巴拿马城一家名为“看你往哪儿逃”的中式餐厅。

中餐馆老板一见到阿雷曼议员，立即委屈地投诉：

餐厅的一个店员偷窃被发现后，为报复老板的开除处分，竟将餐厅已完税的威士忌酒税戳悄悄撕掉，然后向财税稽征员诬告“餐厅逃税”。

稽征员有些歧视华人，不由分说地开出罚单。

阿雷曼议员查明原委后，决定为华人老板打抱不平。他要求财政部长过问此事。不当罚款很快被取消。

中餐馆老板为了表示感激，亲自下厨替阿雷曼烹调了一碗羹汤，那是华人平常牌戏下桌后最爱吃的“酸辣汤”。不过，素来喜爱中餐的阿雷曼议员，决定亲自下厨加以改良。他在“酸辣汤”的基础上，又按照巴拿马人的习惯再添加肉汁、面条、馄饨、鸡肝脏、虾米、大虾、葱碎、虾片、烤鸭……然后一顿乱炖。

结果你一定知道了。议员做的这道汤，符合所有巴拿马人的胃口，简直前所未有地“爽极了”！

从此，这道以他名字命名的“阿雷曼大汤”，很快风靡整个巴拿马。现在人们无论到巴拿马哪个城市的餐厅，都可以品尝到这一美味。

5.十多年后再回国，竟有诸多不习惯

2016年9月17日，网名“荣仔哥”的华人在巴拿马华人自媒体上发了一篇感慨，不料竟变身网红：

在巴拿马牛肉吃多了，回国有猪肉和活鱼，但逛一次市场就不知道自己想吃什么了；

在巴拿马只用西文名字alex、susana，回国阿怡阿峰阿梅阿富都不像是在叫自己了；

在巴拿马见到路人都很自然打招呼hola，buenas，como esta（西班牙语：你好，你好吗）？回国后邻居互不直视了，服务员你不购物他是懒理你的，国企部门员工就更无情了；

在巴拿马娱乐稀少了，回国K歌跳舞机会多了，晚上睡觉不正常了；吃多路边小吃，肠胃越来越不好了；

在巴拿马见巴拿马人多了，回国见中国人不习惯了，广东话说起来都顺带句西班牙语了；

在巴拿马周末若去一次商场就很满足了，回国商场广场购物城多得分不清了，男男女女红红绿绿的，发现潮流跟不上了；

在巴拿马买的都是打折货。100美金好几件带回家了，回国买件衣服几十几百感觉贵死了，拿起计算机拼命除以6.6来了；

在巴拿马久了，回国聚会聚餐时如不掏钱就过意不去

↓位于老唐人街“古冈州会馆”二楼的关公庙，陈列着旅巴华人为祖国汶川地震灾区捐款的纪念状。

了，红色人民币一张一张地就这样付去了；

在巴拿马久了亲戚间见少了，回国今天表姐明天姑妈，说起过去大家都飙泪了；

在巴拿马久了，一天不做工就会心慌了，回国放假玩起来心慌更严重了，闲来没事边看电视边想回去赚美金了；

在巴拿马久了开车让路人习惯了，回国走路你若不看车，命都要掉几条了；

在巴拿马久了，回国发现很多旧房都拆了，路变宽了，以前的小学中学都扩建了，回家的路不认得了；

在巴拿马久了蓝天白云见惯了，回国高楼大厦公寓仓房变多了，但树还是那么几棵了；

在巴拿马久了，回国人变土了，拖鞋短裤都不敢穿出街了，上馆子去厕所记得自备纸巾，不然大事不妙了；

在巴拿马手机只认识苹果三星和华为，回国后发现手机品牌原来还可以是Oppo，Vivo,小米，魅族，联想，360……了；

巴拿马是一个公共地方排队叫号的地方，回国你不插队你就out了；

巴拿马是一个二十岁生娃一生就好几个的地方，回国是没人相信了；

巴拿马是一个你努力奋斗就可以做超市老板的地方，回国你没钱没后台没学历你就什么都不要想了；

巴拿马是一个你去了两年后便想回国，但回国后你会觉得巴拿马是还能多留几年的地方；

回国后父母都变老了，皮肤皱起来了，白发数不清了；

回国后同学朋友都找不着了，见到面也变尴尬了；

回国之后开车路牌不会看了，摩托车小车一样多，处处都是摄像头，你发现你

不懂得交规了；

回国之后小区没泳池没健身房，十几万一个的小车停车位，让你惊呆了；

回国以后拿着手机逛街不怕被抢了，但手袋钱包却怕小偷扒手，防不胜防了；

回国以后中秋春节都过上了，但感觉再不像从前了；

回国以后你发现你是回不来了，虽然你说你从来都不喜欢巴拿马，但是没有办法了；

回国以后你是找不到自己的价值了，你曾经的青春梦想，都只能在悲叹中淡然了；

回国以后你还是中国面孔中国护照，但所有人只管你叫归国华侨，你只能低头叹息无言了……

文化差异？怀乡情结？抑或应变不适？

两国建交之前，对于旅巴华人来说，在巴拿马诸事艰难，实在心有戚戚，一言难尽！

好在，今天的中巴两国，终于建交了！

仿佛天际突然放光，旅巴华人一下子有了主心骨，曾经的寄人篱下的惶恐感和漂泊感，不知不觉地消弭了许多。祖国的强盛，使得每一位侨胞的底气更足了。

大家知道了，今后侨界的每一个中国人，都将能正大光明地得到五星红旗高高飘扬的中华人民共和国大使馆提供的领事保护与协助，从而更直接地感到祖国母亲的关爱与呵护。今天的侨胞精神状态极为振奋，因为每个人都知道，自己虽然远别祖国奋斗生活在巴拿马，但自己正是伟大祖国母亲的儿女，也是在巴拿马的中国文化与国家形象的当然代表者。侨胞们有责任、有能力、有担当，要为发展中巴两国关系和增进人民友谊作出新的贡献。

放眼未来，旅巴华人前景无限，风光璀璨。

中国好，巴拿马好，侨胞会更好！■

巴拿马牛口省的海岛科隆岛浅滩上，
红树林密密匝匝，蔚然成景。

后 记

多年来，我就萌发自费赴未建交国家采访交流，并在中国撰著出版介绍这些国家新书的念头。

自哥伦布发现新大陆之后，全球的焦点便开始从大西洋转移到太平洋；21世纪的前20年，中国有幸进入最佳发展的战略机遇期，这也是中国大国外交取得前所未有重大成果的重要时期。中国的发展，不仅能为本国带来好处，更给世界的和平与发展带来重要推动力。在中国和平崛起的这些年，世界与中国建交的国家越来越多。中国正在成为整个“地球村”备受欢迎的好村民！

细数一下，地球上还有为数不多的几十个主权国家尚未与中华人民共和国建交。在中国迈开大步走向世界、世界越来越多地了解中国的国际大循环中，中国与世界各国发展友好关系，没有理由遗留任何缺口乃至死角。

身为一名将公共外交引为己任的中国作家和记者，我在已经出版的26部国际交流题材著作中，写了三十多个国家，它们全都是建交国。至于那些神秘陌生的未建交国（有些国名我还叫不清楚），它们的国家形态是个什么样子？它们与中国的传统关系如何？它的国民怎样看待今日中国？侨居在那里的中国同胞境遇如何？……这

些问题，常常萦绕我心。

如何把一个文明进步、热爱和平的中国，尽可能多地介绍给世界上所有国家和地区，这一愿景越来越强烈，并持续不断地挑战着我的人生追求——尽管个人力量十分微薄，但如能勇敢地前往未建交国家开展公共外交和民间交流，为促进所到国与中国人民的相互了解与友谊、为促进两国改善关系、增进互信、释疑解惑做些有益的事情，势必对我国的发展进步以及对维护世界和平起到积极作用，不是吗?

我就此向有关方面请教并希获得支持。

我开始了去往未建交国家访问的设计。在对未建交国家逐一研究后，我发现，在未建交国家较为集中的中美洲地区，巴拿马共和国当属举足轻重之国!

于是，加勒比地峡之国的巴拿马共和国，被正式纳入我的视野。

2016年的5月，我利用前往阿根廷举办《约会阿根廷》新书首发式和公共演讲的机会，转程飞赴巴拿马城，开始为期15天的采访交流和公共外交活动。

在巴拿马期间，我将大部分时间用于对首都巴拿马城的探访和考察，两次飞往巴拿马西部边境省份奇里基省和牛口省探奇，去往加勒比海的岛屿览胜，还两次深入深山老林寻幽探险，与世代居住于此的印第安土著原始部落的老少原住民零距离接触。此外，我也与巴拿马国家旅游部部长，1893年创刊的当地著名主流日报《巴拿马之星》，巴拿马电视台，巴拿马最大华人新闻网站“巴拿马中讯网”的记者交流并接受采访。我通过这些媒体向巴拿马大众讲述中国故事，介绍中国的发展。

15天的日子倏然而过，每一天都很充实并丰富多彩。通过实地采访，我强烈地感受到这个国家不同层面的国民，都对了解今日中国有着热切愿望。

巴拿马人普遍不熟悉中国，平素在当地主流媒体上也难得一见对华报道，尤其是正面报道（与我们的媒体长期罕有对巴拿马报道相似）。因此，他们对我说出的当

今中国的一切，是那么兴趣盎然、热情有加。我不断地自省，切莫以为中国稳居世界第二大经济体位置，就以为这世界上的人一定会像熟悉第一大经济体那样熟悉我们，这使得我真实、准确、客观、实在地介绍中国时充满热情。我感到，帮助巴拿马人民了解中国，不仅有助于巴拿马人对世界的整体认识，更有助于中国在巴拿马确立良好的国家形象，从而帮助中国在真正意义上更快地走向世界。

在与巴拿马这一未建交国家的人民交往时，我发现民间交往先行一步是大受欢迎的。

通过民间方式开展文化交流、媒体交流、艺术交流与公共外交，非常符合交流对象国的实际需求。这种模式官方容易接纳，社会容易普及，媒体容易报道，民众也容易融入。为此我在本书中做了一些实例介绍。

如何看待巴拿马？

它是一个具有坚韧顽强性格的国家。

尽管在国家体制与文化上，巴拿马一直看齐于北方邻居美国，且举国随处可见邻居的影子；但早在19世纪以前，它面对殖民列强就能自强不息，不甘屈服。1903年，它虽然是在美国的支持下才摆脱哥伦比亚获得独立，但在面对来自“老大哥”的“胡萝卜加大棒”政策时依然能够不畏威胁和利诱，在夺回巴拿马运河的主权和管辖权的顽强抗争中，不惜以鲜血为代价进行抵抗，并且终于在1999年12月31日收回了自己国家对运河的主权。

今天的巴拿马，其主权依然高度独立，在对外关系上奉行中立、不结盟的外交政策。它主张和平共处、尊重人权和可持续发展，坚持通过多边主义化解国际冲突，

主张依靠联合国的作用化解地方冲突。这些都与遥远的中国不谋而合。至于这个国家的社会文化，也一向呈现多元和丰富性，它的国家虽小，但有足够宽阔的胸怀，从容接纳世界各国访问者带来的文化。

就在本书稿杀青之际，中巴两国正式建交了。

宣布建交的那一天，是中国北京时间2017年6月13日的上午9时，是巴拿马时间6月12日的晚8时。当巴拿马总统巴雷拉在巴拿马城通过电视讲话宣布双国建交的同时，中国政府也同时予以宣布。

那天上午，我正在武汉参加长江日报社组织的参观活动，在现场突然接到一连串微信，从而在第一时间获悉喜讯。欢欣鼓舞的我，立即发出微信祝贺。在其后的时间里，我一再收到来自巴拿马的信息，深切感知旅巴华侨华人奔走相告、欣喜若狂的心情。两国建交既顺民心得民意，也符合时代潮流。

今天，我用这部小书，记述了中巴两国尚未建交期间的漫长历史，也记录着两国建交之际的精彩瞬间。

建交后中巴两国的关系势必掀开崭新的一页。让我们共同以欣慰和期待的心情展望未来，相互携手，为发展两国新型外交关系，再作新的贡献。

余熙

2017年11月于武汉市

鸣 谢

下列机构和人士，为作者的采访、交流、写作及本书的出版，提供了重要支持与热情帮助——

中国外交部，中国驻巴拿马大使馆，中国人民对外友好协会、中国—拉丁美洲和加勒比友好协会、中国公共外交协会、察哈尔学会、外交部世界知识出版社、武汉市人民政府、武汉市委宣传部、武汉市人民政府外事（侨务）办公室、湖北省人民对外友好协会、武汉市人民对外友好协会、武汉市对外文化交流协会、长江日报报业集团。

巴拿马国家旅游部、巴拿马驻华大使馆。

中国国务院新闻办公室前主任、第十一届全国政协常委、外事委员会主任赵启正先生，巴拿马共和国旅游部部长古斯塔沃·伊姆先生，热情为本书撰写序言。

巴拿马共和国首任驻华大使施可方先生；巴拿马驻华大使馆经济商务参赞，曾任巴拿马中国贸易发展办事处代表、巴拿马驻华大使馆临时代办林锦珍女士。

中国人民对外友好协会会长李小林女士；中国外交部部长助理秦刚先生；中国首任驻巴拿马大使魏强先生；外交部拉丁美洲和加勒比司的各位朋友；中国驻巴西大使、外交部前副部长李金章先生，中国驻阿根廷大使杨万明先生；珠海市委常委、珠海市副市长祝青桥先生；曾任中国驻巴拿马大使馆临时代办、中国巴拿马贸易发展办事处代表王卫华先生，领事张慧芬先生；中国—拉丁美洲和加勒比友好协会副会长谢元先生、秘书长吉拥军先生；中国社会科学院荣誉学部委员徐世澄研究员；中国资深外交家徐贻聪大使、吴长胜大使；欧美同学会拉丁美洲分会秘书长陈红娣女士。

武汉市委常委、市委宣传部部长李述永女士，武汉市副市长徐洪兰女士，武汉市人民政府副秘书长董广利先生；湖北省人民对外友好协会会长吴建民先生，处长徐浪舟先生；武汉市人民政府外事（侨务）办公室主任段晓明先生，武汉市人民对外友好协会副会长王祥胜先生，武汉市外办李高婧女士；长江日报报业集团董事长陈光先生、老友杨世桥先生。

世界知识出版社社长马凤春先生、总编辑章少红先生，本书责任编辑侯奕萌女士。

巴拿马华人社团侨领林华康先生、何文生先生、麦杞佳先生、罗记添先生、罗银洲先生、钟赤兵先生、江雄铜先生、曾广天先生、张雪云女士、甘丽铭女士、钟浩良先生等；巴拿马友人家陆（Luis Camacho）先生。

巴拿马在华记者李姿（Liz Vargas）女士、巴拿马百年老报《巴拿马之星》日报记者菲尼克斯·瑞兹（Felix Ruiz）女士、巴拿马中讯网记者徐凤燕女士。

挚友田刚先生、青岛荣德文化发展集团公司董事长郭胜森先生；旅居加勒比地区的中国知名作家刘广元先生；武汉大学加勒比研究中心主任张晓通教授；旅巴友人罗伟峰先生。

作者夫人程平女士和子女余梟、余胄，在作者长期外出采访、交流及闭关写作期间，时时为我燃亮家窗守望的灯光。

值本书付梓之际，我谨向以上机构和人士，致以崇高的敬意和衷心的谢忱！

余熙

2017年11月于武汉市■

□ 余熙已出版的著作

1. 文艺精英入眼记（湖北人民出版社，1989年）
2. 余熙水彩画（中、英文版，湖北美术出版社，1991年）
3. 瑞士行——余熙水彩写生（中、德、法文版，湖北美术出版社、香港海洋出版公司，1993年）
4. 人体与空间（中、英、德文版，瑞士罗芙恩出版社，1993年）
5. 武汉，三人三镇行（中、英、德文版，瑞士罗芙恩出版社，1993年）
6. 走向阿尔卑斯——“地球首富之国”瑞士探秘（长江文艺出版社，余熙走向世界系列丛书之一，1993年）
7. 走向巴尔干——我在“玫瑰王国”保加利亚的三十一天（长江文艺出版社，余熙走向世界系列丛书之二，1997年）
8. 走向密西西比——美国辩证（长江文艺出版社，余熙走向世界系列丛书之三，1997年）
9. 余熙走向二十一国（地区）美术摄影作品选集（中、英文版，中国人民对外友好协会，2001年）
10. TRAITS D'UNION CULTURELS CHINE-FRANCE（法文版，外文出版社，2003年）
11. 法兰西的文化表情——余熙美术摄影作品选集（中、法文版，武汉出版社，2003年）
12. 我在美国当“警察”（长江文艺出版社，2003年）
13. 约会“玫瑰皇后”——巴尔干孤旅者的视觉日记（长江文艺出版社，2003年）
14. 约会巴黎——与四十位名人面对面（新世界出版社，2003年）
15. 东方哲学——余熙抽象水彩画（中、法文版，法国蒙塔日市政府，2004年）
16. 约会极地之缘——冰岛八日（世界知识出版社，余熙约会世界系列丛书·之一，2006年）
17. 约会爱琴海——希腊，依然神话（世界知识出版社，余熙约会世界系列丛书·之二，2006年）
18. 约会哈瓦那——卡斯特罗身影素描（世界知识出版社，余熙约会世界系列丛书·之三，2007年）
19. 当东方哲学邂逅极地之光——余熙冰岛主题抽象水彩画（武汉出版社，2007年）
20. 约会乌拉圭——“南美瑞士”的闲适故事（世界知识出版社，余熙约会世界系列丛书·之四，2011年）
21. 余熙与法国——中法文化交流档案精品选集（武汉出版社，2012年）
22. 约会牙买加——加勒比海咖啡香岛纪事（世界知识出版社，余熙约会世界系列丛书·之五，2013年）
23. 余熙探友城（武汉出版社，2014年）
24. EXPLORATION OF SISTER CITIES BY YUXI（外文版，武汉出版社，2014年）
25. 好友在远方——余熙武汉国际友城纪实摄影作品集（武汉出版社，2014年）
26. 约会阿根廷（世界知识出版社，余熙约会世界系列丛书·之六，2015年）
27. 约会巴拿马（世界知识出版社，余熙约会世界系列丛书·之七，2017年）
28. 你好，巴拿马！——余熙巴拿马纪实摄影作品集（世界知识出版社，2017年）

□ 世界知识出版社“余熙约会世界系列丛书”

图书在版编目(CIP)数据

约会巴拿马 / 余熙著.—北京：世界知识出版社，2017. 9

（余熙约会世界系列）

ISBN 978-7-5012-5596-2

Ⅰ.①约… Ⅱ.① 余… Ⅲ.①巴拿马—概况 Ⅳ.①K974.7

中国版本图书馆CIP数据核字（2017）第247448号

责任编辑	侯奕萌
责任出版	赵　玥
责任校对	陈可望
封面设计	小　月

书　　名	**约会巴拿马** Yuehui Banama
作　　者	余　熙　撰文 / 摄影
出版发行	世界知识出版社
地址邮编	北京市东城区干面胡同51号（100010）
电　　话	010-65265923（发行）　010-85119023（邮购）
网　　址	www.ishizhi.cn
经　　销	新华书店
印　　刷	武汉精一佳印刷有限公司
开本印张	787×1092毫米　1/16　30½印张
字　　数	415千字　　620幅图
版次印次	2017年11月第一版　2017年11月第一次印刷
标准书号	ISBN 978-7-5012-5596-2
定　　价	168.00元